U0069896

中國國民黨
第一屆中央執行委員會
會議紀錄
（二）

The Minutes of First Central Executive Council

- Section II -

塑造「革命政黨」——
中國國民黨第一屆中央執行委員會
會議紀錄導讀

呂芳上
民國歷史文化學社社長

一

中國有近代模式的政黨始於 19 世紀末，老牌的國民黨推溯源頭，始於 1894 年在檀香山創立的興中會。嚴格的說，當年的革命派或保皇黨的組織都還算不上是「近代政黨」。至於知識分子熱中的政黨政治，1912、1913 年間，確曾曇花一現，直等到 20 世紀中葉，民國憲法制定，才勉強有其形式，亦就是說有憲政才有新式政黨出現，才容易形成政黨政治。中國近代的西方式政黨和政黨政治都是舶來品，因此要花一番工夫移植。孫中山自傳說他的學說是來自自創、規撫歐美事蹟，加上因襲傳統的，顯然他創黨、改造黨，得找這些源頭，更不能忽略這些因素。

1920 年代國民黨改組，有一定的背景和限制，從「孫中山黨」變成「國民的黨」，從辛亥革命到國民黨改組，一路參與的黃季陸說民國十三年（1924）具有

「劃時代」的意義，很值得重視和探討。這套《中國國民黨第一屆中央執行委員會會議紀錄》（《會議紀錄》）正好提供了一個孫中山「革命黨」如何轉變為「革命政黨」的訊息。這些會議討論內容，甚至可以提供初期國共關係史研究的基礎。

二

政壇上爾虞我詐、有黨有派、有分有合，一向是常事也應是常識。1899 年，孫中山、梁啟超商洽合作倒滿，不久檀香山革命派勢力為保皇黨侵奪；1907 年以個人身份入籍同盟會的光復會員章太炎、陶成章，掀起倒孫風潮，同盟會因之分裂，重創其對辛亥鼎革勞績。1913 年二次革命失敗，國民黨分裂為中華革命黨與歐事研究會，孫中山只能維持僅有局面，國民黨幾乎泡沫化。1924 年，國民黨「改組」，使革命黨演變為「革命政黨」，黨的性格有異於傳統，動員能力加大，因得有革命再起的力道。不過，這次黨的重造是孫中山乾坤獨斷之舉，短時期國民黨確因此有起死回生之效，長時間則使中國走向歐美式政黨政治，顯得遙遙無期，付出的代價，恐也得從新思考。

1924 年之後國民黨所以有「中央執行委員會」（簡稱「中執會」，1952 年，此會與中央監察委員會合併為中央委員會，即一般人習稱的中央黨部）的設置，是孫中山生前最後一次進行黨「改組」的結果。黨改組實起於 1922 年陳炯明叛孫所致。一年多的醞釀，在孫主持的第一次全國代表大會定調，整個過程可以用「俄

化」二字來形容。蘇聯顧問鮑羅廷的演出，角色十分吃重，所謂「以俄為師」不僅止於口號。這次大會的重要決定，包括：一、通過了包含中國現狀、國民黨主義與政綱的大會宣言，二、孫中山在會期中演講三民主義，闡述並提供黨的理論基礎，三、通過黨的「總章」，建立俄式政黨組織模式。開會次日，逢俄共頭子列寧逝世，特別休會三日，表明聯俄政策正式出檯；四、正式通過容共案，准許共產黨人可「跨黨」加入國民黨。以上種種都深深影響稍後國民黨及中國政治的發展前景。

更具體的說，1924 年前後的中國，在北方，軍閥正混戰不休，在廣東，為陳炯明勢力所籠罩，在廣州，尤有滇桂客軍盤據，英國人支持的商團正伺機而動，這時侷促於廣州士敏土工廠的國民黨，沒有錢、沒有群眾、沒有人才、沒有國際盟友，這樣四面楚歌、內憂外患的環境，在孫中山主持下迅速形成有動員能力的「革命政黨」，的確帶給許多人結束分裂、統一中國的希望。

三

1920 年代，國民黨改組，建立了迥異於此前黨的傳統形象。早期秘密結社的會盟組織，民初大雜燴式的民主政黨，流亡海外的零散隊伍，到此才形成新的革命隊伍。革命派過去三十年打天下，嘗試過屢敗屢起、仿日、仿歐、仿美的摸索及轉變中，辛亥復放棄了歃血為盟的幫會結合方式，民初二次革命失敗，暫時不能不擱置英美式議會政治運動；當護法運動碰壁，憲政理想也

只能暫時束諸高閣。1917 年蘇俄大革命，老大帝國竟可以成為新社會主義國家，又竟然能「以平等待我之民族」，很多知識分子，包括國民黨人，甚至覺得蘇聯給中國的，正是中國人求之不得的「天鵝肉」。俄共既視孫中山為「新盟舊友」，1922 年之後，因緣際會，孫中山也因此正式與蘇俄結盟，俄式動員性格的革命黨及反帝國主義、反軍閥為內容的「國民革命」路線，便為國民黨重塑了「革命政黨」的新傳統。

這套距今百年的國民黨第一屆中執會歷史原始紀錄，正好為該黨塑造「新傳統」過程，提供一些可供討論的資源。以下是根據中執會紀錄提出的幾個看法：

（一）人事布局，國共爭奪黨權的由來

1923 年，當黨的改組積極醞釀時，2 月孫中山在上海設有幹部會議主持其事。為落實籌備工作，10 月底設臨時中央執行委員會，中共黨人只有陳獨秀列名參議。這個國民黨臨時中央，在 1924 年 1 月第一次全國代表大會（全代會）前，共開會 28 次，其後由正式的第一屆中執會取代。依照第一次全代會通過黨的「總章」，組織架構以全代會為最高權力機構，選出中央執行委員組成「中央執行委員會」（中執會），並設「部」於平時執行黨務，另設中央監察委員會，監察黨務之進行，合稱為「中央黨部」。這種組織與過去不同者有二，一是工人、商民、農民、青年、婦女均先後設「部」，專司動員群眾的工作；二是自中央到地方，層層系統黨組織，以集體決策、集體領導方式體現所謂

「民主集中制」。新的總章，依然有舊元素，例如特設
「總理」一章，尊崇孫中山的名譽與實權。全代會在 1
月 30 日推舉出包含國共兩黨菁英的第一屆正式及候補
執、監委員共 51 人，隸屬的黨籍情形如次：

1. 中執委 24 人

   國民黨　胡漢民　　汪精衛　張靜江　廖仲愷
   　　　　李烈鈞　　居　正　戴季陶　林　森
   　　　　柏文蔚　　丁惟汾　石　瑛　鄒　魯
   　　　　譚延闓　　覃　振　石青陽　熊克武
   　　　　恩克巴圖　王法勤　于右任　楊希閔
   　　　　葉楚傖

   跨黨者（共產黨）譚平山　李大釗　于樹德

2. 候補中執委 17 人

   國民黨　邵元冲　鄧家彥　茅祖權　李宗黃
   　　　　白雲梯　張知本　彭素民　傅汝霖
   　　　　張葦村　張秋白

   跨黨者（共產黨）沈定一　林祖涵　毛澤東
   　　　　于方舟　瞿秋白　韓麟符　張國燾

3. 中監委 5 人（無跨黨者）

   　　　　鄧澤如　吳稚暉　李石曾　張　繼
   　　　　謝　持

4. 候補中監委 5 人（無跨黨者）

   　　　　蔡元培　許崇智　劉震寰　樊鍾秀
   　　　　楊庶堪

上列名單值得注意的是，正式或候補中監委 10 人，清一色的老國民黨人；中執委 24 人中，跨黨者（中共黨員）3 人，候補中執委 17 人中，跨黨者有 7 人，亦即是說國民黨中執委有四分之一是共產黨人，相當程度說明孫中山「容共」政策的實行。

依照總章，黨中央設各「部」執行黨務，中執委互選三人為常務委員，常川駐部辦事。事實上，受任常委有流動性，兩年間 12 位常委，在職時間長短不一，多半以輪值中執會主席為主。[1] 同時為落實「國民的黨」之政治工作，依照會議紀錄，中央黨部初設八個部，並在廣州以外的地區設置六個地方執行部，分派 21 位中執委為 14 個省黨部的籌備員，實際推動改組後的黨務。[2] 據研究國民革命史的學者分析，當年國共不論是合作抑或競逐下的歷史，顯示改組後不久，跨黨之共產黨人已清楚認識黨組織與群眾運動的重要，他們同時掌握了北京執行部、滲入上海執行部，控制了組織、工人

1 　1924 年至 1925 年二次全代會前，擔任過常委的 12 人：廖仲愷（1924.1.31 - 1924.6.12；1924.10.20-1925.8.20）、戴季陶（1924.1.31-）、譚平山（1924.1.31-1924.4.14；1924.6.3.-1924.11.6）；彭素民（1924.4.10-1924.8.3）、邵元冲（1924.6.12-）、鄒魯（1924.9.1-1924.10.20；1924.11.6-）；汪精衛（1924.7.17-1924.11.6）；丁惟汾（1925.5.17-）；于樹德（1925.5.17-）；林森（1925.9.3-1925.9.15）；譚平山（1925.9.28-）。參見李雲漢主編、劉維開編輯，《中國國民黨職名錄》（臺北：中央黨史會，1994），頁 31-33。

2 　中執會初擬設九部，一開始就決定調查部緩設，1924 年 3 月前設七個部，後陸續增加軍事、聯絡、實業及商民部，部長及秘書名單可看出跨黨者（＊）的份量：組織部長譚平山＊／秘書楊匏安＊；宣傳部戴季陶／劉蘆隱；工人部廖仲愷／馮菊坡；農民部林祖涵＊／彭湃＊；青年部鄒魯／孫甄陶；婦女部廖冰筠／唐允恭；海外部林森／詹菊似。參見李雲漢，《從容共到清黨》（臺北：中國學術獎助會，1977），頁 268-271。

和農民三部，打進了直隸、山西、熱河、湖南、湖北、
江蘇、浙江、江西八個省黨部籌備處，以少數黨員已
能控制多數省區。[3] 長久以來，學者對於國民黨人長期
疏於下層經營的批評，依 1920 年代第一屆中執會歷次
《會議紀錄》中央各部及地方執行部報告，也可以得到
一些印證。

（二）推尊「總理」，領袖崇拜之始

　　1924 到 1927 年，黨國體制的中國猶未成型，國民
黨還處在「打天下」的階段，與共產黨理念、作法上雖
不無芥蒂，甚至明爭暗鬥頻生，但也沒到你死我活「奪
天下」的地步。不過，1924 年國民黨改組不久，列寧
式動員型的革命政黨特性已逐漸浮現。當代政治學界把
列寧式政黨特質，約略作這樣的規納：一、民主集中制
的決策模式，二、以武力取得政權並實行一黨專政，
三、領袖崇拜，四、黨有明顯的意識形態，五、有功能
及地域性的組織方式，六、組織並運動群眾以形成「黨
力」。[4] 這些，在中執會歷次《會議紀錄》中的記載，

3　李雲漢，《從容共到清黨》，頁 271。

4　對列寧式政黨的特質，在學界看法並不一致。政治學者鄭敦仁認
　　為國民黨是「準列寧式政黨」（quasi-Leninist party），社會學者金
　　耀基認為國民黨外型為列寧式政黨，但具三民主義的意識形態，
　　方德萬（Hans J. van de Ven）認為國民黨堪稱為中國第一個列寧式
　　政黨。見 Tun-jen Cheng, "Democratizing the Quasi-Leninist Regime
　　in Taiwan", *World Politics 41*(July, 1989), pp.471-499; Ambrose Y. C.
　　King, "A Non-paradigmatic Search for Democracy in a Post-Confucian
　　Culture: The Case of Taiwan, R.O.C", in Larry Diamond ed., *Political
　　Culture and Democracy in Developing Countries* (Boulder: Lynne Rienner
　　Publishers, 1994), p.135; Hans J. van de Ven, *From Friend to Comrade:
　　The Founding of the Chinese Communist Party, 1920-1927* (Berkeley, Ca.:

似乎還可進一步比對、參酌和推敲。

國民黨第一屆中執會 1924 年 1 月 31 日起至次年 12 月 31 日結束，共開會 131 次，除第 6 次紀錄佚失外，餘均在本書中呈現。

黨的改組是孫中山個人歷史性的重大決斷，他除主持第一次會議外，生前共出席該會 14 次，最後一次是他 1924 年 4 月 28 日的第 25 次會。在黨的人事配置、地方黨務推展、廣州試點改組、宣傳刊物資助、司法人員入黨、學生工人運動等議題，孫都曾參預，由於「總理」地位特殊，其決策力自在意中。

本來 1913 年二次革命的失敗原因，孫中山最痛切的感受是黨員不受命、黨首無力，也就是說討袁活動，敗在只見「個力」未見「黨力」。此後他積極尋求解套的力量和方法。當他得知俄國十月革命布爾希維克的革命成效，加上「俄援」有望，又看到五四青年學生熱情奔放的力量，以俄共模式動員群眾，形成改造國家的力量，便成了他「師俄」、創生「新國民黨」靈感與動機的重要來源。

孫中山是近代中國國家改造有一套理論、看法和做法的少數知識分子，他生前 40 年領導革命活動，即以博大精深、奮鬥不懈精神，贏得包括政治對手梁啟超，以孫為「偉大人物」、有領袖魅力政治人物的評價。孫晚年在南方進行黨政改造，為國民黨開創新局，1924 年 10 月底北上，由上海、日本經天津、臥病北京，逝

University of California Press, 1991), p.56.

世於北方，北方因此掀起「孫中山旋風」，大有造於國
民黨北方勢力的拓展。孫北上，國民黨部分權力中心跟
著移到北京，次年 3 月 12 日孫過世，在北京、廣州黨
組織立刻有啟動媒體力量「造神」的跡象。依照《會議
紀錄》，孫過世當天，第 67 次中執會即提出 12 則標
語，包含尊孫為「中國革命之父」、「四萬萬人民慈
母」，稱頌中山精神不死、主義不死。同時在各地普遍
舉行追悼會，自不在話下。4 月 23 日中執會第 77 次會
議起，開始有「主席恭誦總理遺囑、全場起立」的規
定，此後懸為慣例，全國行之幾十年。此後半年內的中
執會推尊孫總理的提案不斷，例如設立紀念圖書館，改
廣東大學、上海大學為中山大學、改香山縣為中山縣
等，有的立刻獲得回應，有的猶待努力。5 月 20 日第
85 次會，通過「孫中山先生永久紀念會組織大綱」，
擬在軟體、硬體上作長程打算，近程即立刻發動盛大的
「國民會議運動」為孫統一中國的最後主張造勢。這些
都有助於「國父」、「總理」形象的建立。近代為偉人
造神話、塑銅像風氣的展開，其源頭似乎也依稀可尋。

（三）「俄化」與「黨化」並進，開黨國體制之漸

　　1920 年代國民黨的改組，最顯著的特徵是國民黨
走向「俄化」，中國走向「黨化」。

　　平實的說，孫中山晚年把國民黨改造為一個動員性
的革命政黨，才能奪回天下。這得力於來自於俄國的鮑
羅廷（鮑爾丁，Michael Borodin, 1884-1951）的幫助。
1923 年 10 月，鮑到廣州，適時提供俄式列寧黨的組黨

經驗。學者的研究早已指出，國民黨第一次全代會的宣言、總章，均模仿了俄共章程，並出於鮑的規劃和參與。孫中山初聘鮑為國民黨「組織教練員」，後來聘為政治顧問；孫過世後，1925 年 7 月，國民政府聘鮑為「國府委員會高等顧問」。1924 年國民黨的改組，不再沿襲傳統幫會屬性，復不具備西方政黨味道，明顯的俄化政黨成了特色。[5] 從這套《會議紀錄》正可以看到新國民黨：「革命政黨」形成的一些訊息。（1）因組織和意識形態的建立使黨動員能力顯著的提升。孫中山主持改組過程中，很感成就的一點是看見廣州試點改造後的「黨力」。從中央到地方黨組織，系統、法規分明，由政府、民間，自社團到軍隊，靠「黨團」運作，產生民主集中制的作用，使黨意落實。民眾運動靠各種訓練所，使黨員凝聚共識，又能帶動民間力量。《會議紀錄》中，載有許多海內外不同地區的活動報告，黨成了政治運動的串連主軸，黨員成了政治舞台的活棋，扮演活躍角色，這是過去未見的事。（2）孫中山師法蘇俄，也不是全盤照搬、全面移植。這種國民黨式的俄式政黨，仍與俄共有別。總章除了保有「總理」一章以外，孫中山對意識形態的堅持、堅拒絕階級鬥爭的論

5　1921年中共的黨組織與 1924年國民黨的改組內涵，均是「以俄為師」的產物。國民黨一大總章，最初藍本是 1919 年 12 月俄共（布）第八次會代會通過的俄國共產黨（布爾什維克）章程，分 12 章 66 條，國民黨總章分 13 章 86 條，有關黨員、組織架構、中央地方黨部、紀律、經費、黨團等，內容相近，多數條文幾乎雷同。參見李玉貞，《國民黨與共產國際（1919-1927）》，（北京：人民出版社，2012），頁 230-241。王奇生，《黨員、黨權與黨爭——1924-1949年中國國民黨的組織型態》（上海：上海書店，2003），頁 13 -17。

述,人所習知。實者,1923 年 1 月 26 日,孫越聯合宣
言,孫中山已明白表示與蘇聯的有條件合作,所以在中
執會中聽不到俄共的馬列思潮,也看不到俄共政治運
作的實況。如果說 1920 年代國民黨師法俄共組黨的是
「半套」戲法,中共移植的是全套戲路,是否因此成為
後來兩黨爭奪天下的成敗關鍵,那就可以是另一值得討
論的議題了。[6](3)「黨化」的開端,疑慮跟著來。改
組初期,國民黨中執會紀錄多揭諸報端,會議中有關聯
俄容共、以黨治國的決策和走向,均不免引發批評者及
反對者的側目。老革命派如章炳麟、馬君武,和南北反
國民黨軍閥,多詆孫黨「赤化」,許多知識分子尤對
「黨化」表示不安。孫中山與章炳麟本有政治主張的歧
異,這時也不贊成孫與蘇聯交好,孫派國民黨人也不客
氣的指斥章等為「懶佬團」。[7]1924 年 3 月 30 日,中
執會第 18 次會議通過議案,在廣州大元帥府任大理院
院長的趙士北,以非黨員遭免職,表示黨政府下一般官
吏必須入黨的要求,本屬獨立地位的司法,「司法無
黨」的原則,在「黨化的革命化」下,也不能適用。在
《會議紀錄》中,可以看到歷次會議通過各部提送的群
眾運動議決案,包括青年部學運計畫案、資助全國學生
聯合會案,農民部提交農民運動講習所、農民協會設置
案,工人部的工會法、組織各地工會案,婦女部組織全

6　參見〈尋求新的革命策略:國民黨廣州時期的發展,1917-1927〉,
　見呂芳上,《民國史論》(臺北:台灣商務,2012),中冊,頁
　673-715。

7　秋霖,〈國民黨的將來〉,《香江新聞報》,1925 年 2 月 20 日。
　中國國民黨黨史館藏剪報資料,典藏號 436/117。

國婦女聯合會案，軍人特黨部提送任命軍隊黨代表、軍
隊黨團組織與運作、改教導團為黨軍、設置有主義軍隊
等案，[8] 在在顯示改組後的國民黨滲入社會各階層，積
極組織、運動群眾的現象。當時知識界、輿論界對黨力
滲透教育界、學生入黨問題及 1925 年東南大學易長，
引發學潮，可能形成「黨化教育」，表達諸多關切。[9]
不意外的是後來政局的發展，雖中蘇關係有變數、國民
黨與蘇俄關係有起伏，但這時期俄化下造黨，以黨化治
國，則深刻影響了近代中國政治的走向。

（四）中政會：國民黨的「政治局」、「太上政府」

依照國民黨一大通過的「總章」，全國代表大會是
黨的最高權力機構，大會推選出的中央執行委員組成的
中執會，是全代會閉會期間的最高權力機構。這一機構
設「部」辦事，即實際執行黨務的「中央黨部」。本來
中執會平時有設三常委輪班辦事，中執委正式及候補人
數不過 41 人，中執會開會，多至二十七、八人，少則
六、七人，後期（1924 年 10 月 23 日第 57 次之後）大
約出於需要或為湊人數，經常與中監會及各部長，召開

---

8 各案原文可參見《會議紀錄》中歷次會議內容。有關軍隊黨化問
　題，1925 年 2 月至 4 月間，香港、廣州報刊曾就「國民黨軍隊化」
　與「軍隊國民黨化」有所討論，見〈陳銘樞致羅漢君函〉，1925
　年 2 月 10-11 日，《香江新聞報》；紹文，〈國民黨軍隊化〉，
　1925 年 4 月 14 日，廣州《民國日報》。

9 黨化教育相關的討論可參考：陶知行，〈國家教育與黨化運動〉，
　1925 年 1 月 9 日，上海《時事新報》；〈黨化教育的意義〉，
　1925 年 1 月 26 日，上海《民國日報》；胡浩然，〈論黨化大學〉，
　1925 年 2 月 10 日，上海《時事新報》；力子，〈論黨化大學〉，
　1925 年 2 月 20 日，上海《民國日報》。

聯席會議，決策及執行力不高，顯然不足以為總理分憂解勞，孫中山因此有另成立一個備諮詢，類近元首顧問團性質的構想。1924 年 7 月 11 日，孫總理以軍、政、黨務須分工辦理，乃依鮑羅廷的建議，仿俄國共產黨模式，成立國民黨的「政治局」──政治委員會（中政會）。[10] 中政會初成立時是中執會的下屬機構，且在黨章中並不是法定機制。孫中山生前，在中執會第 43 次會（1924 年 7 月 14 日），胡漢民提出中政會的權限討論案，決定：一、關於黨事，對中央執行委員會負責，按照性質由事前報告或事後請求追認。二、關於政治及外交問題，由總理或大元帥辦理。可見中政會確屬孫總理的智囊團，職級上為中執會的下屬機構。孫過世後，1925 年 5 月 20 日，第 85 次中執會曾有關於「政治局」設置討論案，決議只推汪精衛、戴季陶、邵元冲三人提出報告，沒見下文。不過，本案出現「政治局」三個字，足見中政會的本質。6 月中旬，中政會開會決定建立國民政府。初無法定地位的中政會，這時擴大權力，在黨權分配發生爭議情況下，反祭出自我定位的條

---

10 俄蘇維埃政權初建，布爾什維克黨與政權的執行和決策機構是中央委員會，後因人數膨脹，中央全會變成泛泛的政治討論會。故從 1919 年俄共（布）八大始建「政治局」，使決策權移到人數較少的政治局，其成員最初包括人民委員會正副主席、共產國際主席、陸海軍人民委員、真理報主編、俄共中委會書記處書記等。這個機構大小事都管，成為真正意義的最高政府權力機構，即列寧所講的「寡頭政治」。列寧，〈共產主義運動中的「左派」幼稚病〉，中共中央馬克思恩格斯列寧斯大林著作編譯局編，《列寧選集》，卷 4（濟南：人民出版社，1972），頁 203。又參見盧艷香，《中國國民黨中政會研究（1924-1937）》（北京：社科文獻社，2016），頁 28。

款：1. 中政會設於中執會內，以指導國民革命之進行，2. 關於政治之方針，由中政會決定，以政府之名義行之。[11] 第 1 項「國民革命之進行」，應偏重在黨務的擴張與發展，不免與中執會任務有疊床架屋之虞，甚至喧賓奪主侵蝕了中執會原有的角色和職權。從後來的發展看出，中執會的確淪為中政會的執行機構。第 2 項，明顯以中政會為決策機關，以國民政府為執行機構，觀察後來長時間中政會的作為，類近俄共「政治局」角色，左右了黨國大政。1928 年 2 月，長期身為中政會委員的譚延闓，就曾婉轉指出：中政會不啻為國民黨的「太上政府」，[12] 即是此意。

1926 年 1 月，國民黨在廣州開第二次全代會，國民黨左派、跨黨者與鮑羅廷主導了大局，在修正「總章」時，增列了中執會在必要時，「得設立特種委員會（如政治委員會等）」一項。1 月 23 日二屆一中全會，通過「政治委員會組織條例」七條。至此，中政會在黨統上才有設置的合法性。二屆中執會中央執、監委有80 人，人多、運作不易，另成立「常務委員會」（中常會）維持黨務正常運作。儘管中政會名義上隸屬中執會，應向中常會負責，但因時局變幻莫測，兩會或分或合，權力消長之間，又夾雜著國共複雜關係，構成了民

---

11 〈關於政治委員會及政治會議述略〉，「中央執行委員會政治會議報告」，1928 年 8 月 10 日，中政會檔，油印件，中國國民黨黨史館典藏號 00-1-8。

12 時任中政會委員的譚延闓在129次中政會上說：「舉凡一切黨政、省政均由政會核定，故以有以太上政府目之者。」1928 年 2 月 22 日中政會議紀錄，中國國民黨黨史館典藏號：中央 0129。

國政治史、國民黨權力運作史的另一圖景。[13]

四

　　1920 年代初期（1924-1927）以國共關係為基礎，是國民黨史上的「聯俄容共」時期，在中共黨史則稱之為「第一次國共合作」時期。孫中山當年為打開中國政治的出路，以俄共歷史為模範、為先例，在鮑羅廷指導下的國民黨「改組」，將俄式的「革命民主」（包含一黨專政、黨國體制）引入，取代了英美式的民主。「俄化」，今天看來，絕對是民國政治的重大歷史轉折，其影響甚至以迄於今。

（一）國共合作，起始就同床異夢

　　國共初期關係即詭譎複雜，從國民黨第一屆中執會《會議紀錄》，可以有以下的幾點觀察：

　　第一、國共合作，基礎脆弱。由國民黨角度看，「我中有你」實不等於「你中有我」。共產黨人以個人身份加入國民黨，是孫中山的堅持，但國共雙方黨人均無法逃出各自的傳統及「動員黨」的「黨團」作用。你暗我明，不免猜忌，聯容政策初行，國民黨老黨員形成的北京俱樂部，後來發展出來的西山會議派，對俄化、黨權分配均不無疑慮；中共初創元老陳獨秀、瞿秋白，開始也不看好俄共導演的「送作堆」戲碼。當國民黨

---

13 中政會初期運作可參考王奇生，〈中政會與國民黨最高權力的輪替（1924-1927）〉，《歷史研究》，2008 年 3 期，頁 63-80；盧艷香，《中國國民黨中政會研究（1924-1937）》，頁 18-68。

人了解共派人士當初加入國民黨確曾有自我發展的考量，對共黨的「寄生」政策，別有用心、「不懷好意」時，[14] 雙方排斥的力量便難澆熄。兩黨衝突事件的加劇及惡化，在國民黨掌門人孫中山生前已見跡象，1924年7月1日，第41次中執會發佈關於黨務宣言，直謂共派與國民黨人有明顯分道而馳的傾向，已使雙方由懷疑而隔閡。次年，孫過世後，國共糾紛層出不窮，終致分手，實在意中。1925年10月，中執會113次《會議紀錄》所呈現戴季陶〈國民革命與中國國民黨〉小冊，加上後來的〈孫文主義之哲學的基礎〉長文，國共雙方理論爭執已浮上檯面，這是後來共產黨人圍剿「戴季陶鬼」的前奏曲。同年11月下旬，西山會議開鑼，11月24日，中執會北京執行部在122次中執會提出報告，直斥同志俱樂部、民治主義同志會及西山會議派鄒魯、林森、謝持等人的反共產派「喪心病狂作為」，黨內所謂左派、右派被分化出來，視同水火，黨內容共、反共兩陣營，這時已撕破臉對著幹。於是，國共問題，此後逐步演變成為「你死我活」的政治話題。

　　第二、國民黨改組初，中共黨員可以兼跨國、共兩黨黨籍，1922至1927年間，人數本就不多的共產黨人，究竟有多少人入籍國民黨，並無明確記錄。一般知

---

14 1923年6月12至20日，中共在廣州召開三次全代會，有「關于國民運動及國民黨問題的決議案」，顯示不論俄共代表或中共黨人，對「國共合作」均已另有盤算。近年陸續出土的俄共文件，已可複按，見中共中央黨史研究室編譯，《共產國際、聯共（布）與中國革命運動（1920-1925）》（北京：北京圖書館出版社，1997）又參見李玉貞，《國民黨與共產國際（1919-1927）》。

名的共產份子如李守常（大釗）、陳獨秀、譚平山、毛
澤東、周恩來、瞿秋白、于樹德、張國燾、于方舟、韓
麟符、張太雷、蘇兆徵等，多半是出任國民黨中央或地
方重要幹部而為人熟知；另有一批黃埔學生公開身份
的，如徐象謙（向前）、陳賡、蔣先雲、左權、許繼慎
等；有些人除非自清，否則在當時可能面貌模糊的，在
早幾年社會主義流行時，甚至連戴季陶都曾參與共黨發
起，其他如周佛海、陳公博、沈定一等早期參加過共
黨，報界的邵仲輝（力子），行徑予人投機之感。改組
對國民黨黨組織的發展的確發揮很大力量，在《會議
紀錄》揭載的文件中，說明在省以下的許多地方黨部
先後成立，至少在 1926 年二大之前，國民黨正式成立
了 11 個省黨部，籌備中的有 8 省，特別市黨部正式成
立者 4 個市，另包含陸、海軍、警察 10 處。改組前號
稱有黨員 20 萬，多半不知藏身何處，但此時期重新辦
理登記，納入黨的基本組織，一旦動員，很快顯現「黨
力」。但這時期黨部真正負責組織、宣傳、工人、農民
等下層群眾運動工作的，多半是共產黨人，他們的影響
力自不可小覷。

（二）毛澤東是國民黨代理宣傳部長

　　這一時期，國民黨中央有一位跨黨人物，很算活
躍，其動向值得注意，他就是毛澤東。[15]

---

15 李戡蒐集其家藏及國民黨黨史館藏史料，撰寫成專書，見李戡，
　　《國民黨員毛澤東》（臺北：李敖出版社，2014）

　　在俄共指示下，1923 年共黨份子開始陸續加入國民黨，中共創始黨員之一的毛澤東，大約也在這股入黨潮時，變成國民黨人——跨黨黨員。1924 年 1 月，毛出現於廣州，他以湖南地方組織代表身份出席在廣東高師孫中山主持的第一次全代會，他任章程審查委員，據記載，他為維護共產黨員可以跨黨及反對西方比例選舉制，在大會中有所表現。1 月 30 日，毛被大會推選為中央候補執行委員。這個身份對他參預國民黨中央及地方的活動均有幫助，例如他可以參加中執會、可以出任地方執行部職務、可以出任中央黨部代理部長。

　　1924 年 1 月底 2 月初，毛出席了第一屆中執會一至三次會，第四次有提案未出席。接著他奉派到上海執行部（環龍路 44 號）擔任組織部秘書，這時國民黨的胡漢民、汪精衛、于右任、葉楚傖，共產黨的沈澤民、瞿秋白、鄧中夏、惲代英、向警予、邵力子、張秋白等，均在此辦公。所轄地區包括蘇、浙、皖、贛、滬等地。中共也以上海為重鎮，毛一度同時兼有中共組織部長的職務，並以國民黨左派自居，可見毛身跨二黨活動，顯著活躍。這一年年底，他以腦病請假回湘。1925 年上半年，毛在湖南進行農民運動，並在家鄉發展國民黨地方組織。9 月再到廣州，10 月 5 日第 111 次中執會，因汪精衛的推薦，出任國民黨代理宣傳部長；1926 年 2 月 5 日，二屆第二次中常會，汪精衛再次推薦毛續任代理宣傳部長，直到同年 5 月 25 日，二屆二中全會通過「整理黨務第二決議案」，跨黨者不准充任國民黨黨中央機關之部長後，毛才正式辭去國民黨代理宣傳部

長職。也就是說 1925-1926 年間毛澤東曾擔任國民黨代理宣傳部長七個月又二十天。

國民黨宣傳部之設置，始於 1923 年改組醞釀時期，與孫中山想掌握五四時代的思潮與脈動有關。改組前主掌宣傳業務的有張繼和葉楚傖，1924 年改組之後第一屆中執會時期，擔任宣傳部長的依序是戴季陶（1924.1.31-6.30）、劉蘆隱（代理，1924.6.30-8.14）、汪精衛（1924.8.14-1925.10.5）、毛澤東（代理，1925.10.5-12.31）、汪精衛（1926.1.23-2.5）、毛澤東（代理，1926.2.5-5.28）。戴季陶新聞記者出身，長於理論，汪精衛演說及文字動人，出長宣傳，允為適任人選。當初孫中山改組黨務，一重組織、二重宣傳，他說過去無組織、無統系，人自為戰的宣傳固是落伍，辛亥後連個人宣傳也放棄，加上鮑羅廷在一大強調俄革命成功賴宣傳，加深了要求黨強化宣傳的力道。在戴、汪時期宣傳部的工作，表現在中執會《會議紀錄》的，有幾個面向：一、統一且頻發黨的對內、對外主張，由中央透過各地執行部、省黨部宣傳統一發佈，這樣的宣傳機器運作是過去少見的。例如為北洋政府濫捕黨人告國民書（36 次會議），對各國退款、賠款宣言（42 次），對中俄協定宣言（43 次），反對聯省自治運動（69 次），召開國民會議宣言（86、95 次），對沙面事件宣言（90 次），反帝廢不平等條約訓令（92 次），國民黨目前反帝、反軍閥宣傳大綱（98 次）等政治大問題。二、協助黨刊、黨報的成立及發行。北京《民生週刊》、《新民國雜誌》、上海《新建設雜誌》、廣州《革命評論》、漢口

《國民週刊》等黨的刊物先後創辦，影響力較大的廣州及上海兩地分別出版《民國日報》，成為知名的黨報。1924 年 4 月，成立中央通訊社，成為黨的喉舌。

　　1925 年 10 月，國民黨負責宣傳的汪精衛，因事忙，兩次找上毛澤東代理部長。汪與毛曾在上海執行部共事過，交情如何並不清楚，不過汪對毛的文采應不陌生。毛代理宣傳部長近八個月，一共出席中執會會議 15 次。他在任時期的「政績」，除了宣傳部蕭規曹隨發佈黨對時局的態度立場言論外，約略還可以看到一些其他的想法和作法：一、1925 年 10 月，毛鑑於各地「反革命派」（主要指北方的安福系、研究系、聯治派、新外交系、買辦階級），對廣東工作有實行共產、英俄夾攻、內訌自殺等造謠誣衊之言論，親自草擬一份通告，說明宣傳部應付要旨，決定由該部出版週報，內容以十分之九作事實敘述，十分之一為辯正的議論，散發各地，「對外為反攻的宣傳，對內為切實的解釋」。（117 次議會紀錄）。這就是毛任內正式出版的《政治週報》。二、為了打通黨宣傳機器的血脈，毛要求各執行部、省黨部、特別市黨部之各宣傳部與中央宣傳部連成一氣，下級按月彙報工作詳情，中宣部則計畫在上海設立交通局對北方作連絡據點（118 次會議紀錄）。三、毛主持的中宣部，此時規劃印製《民族主義》、《民生主義》、《汪精衛演講集》、《三民主義淺說》各萬本發散，同時討論了三民主義編入教科書案。此時代理國民黨宣傳部長的毛，態度算穩重。四、1925 年下半年之後，國民黨內國共糾紛屢起，反共風潮時生，

塑造「革命政黨」──中國國民黨第一屆中央執行委員會會議紀錄導讀

跨黨的毛又如何應付？基本上，毛是以跨黨者與國民黨
左派結合共同應付國共關係。1925 年 10 月初甫上任，
他即偕陳公博參加中共外圍新學生社大會，13 日參加
113 次中執會討論戴季陶反共小冊風波的解決，會議結
論是撇清黨意與戴個人無關，毛則主張請戴離開上海是
非之地，前來廣州工作。11 月下旬西山派率先在北京
舉行一屆四中全會，大動作反共，主張容共的廣州中
央不能示弱；12 月 4 日，125 次中執會通過毛起草的
「闡明容共意義及斥西山會議派」的通告，歷數「懶
惰右傾黨員」及「叛黨者」之罪過，重申在帝國主壓迫
下，「若吾黨之革命策略不出於聯合蘇俄，不以占大多
數之農工階級為基礎，不容納主張農工利益的共產分
子，則革命勢力陷於孤單，革命將不能成功。」進一步
把黨人劃分為革命與反革命勢力，以便作殊死鬥。毛在
文中雖沒對社會作階級分析，但同一時間，在另一文章
中，毛已把國民黨地主階級及買辦階級視為右派代表，
以階級作社會分析的角度已見端倪。[16] 同一時期，中執
委指責上海的《民國日報》被「反動分子盤據，大悖黨
義」。12 月中旬，左派人士要求查辦，12 月 29 日，毛
以中宣部代部長向 130 次中執會提出報告，否認該報為
黨報，並擬另辦新報。接著毛忙著籌辦國民黨即將在廣
州舉行的二大，並受命在二大中作宣傳工作報告。可見
在國民黨左派眼中，毛還算是很有份量的幹部。

---

16 1925 年 12 月 1 日，毛澤東用階級概念發表〈中國社會各階級的分
析〉，參見李戡，《國民黨員毛澤東》，頁 212-219。

這段時間，毛澤東廣州國民黨中央擔任宣傳要職、在上海執行部主持文書庶務工作、在湖南家鄉辦黨、搞宣傳、運動群眾、拓展黨組織，這些經驗，不能說對他日後的政治生涯沒有幫助。

五

1924 年改組後的國民黨，繼承了中華革命黨時期的革命精神，並以服從總理和建國三階段論的革命方略，同時吸收了俄共革命經驗，開始重視組織訓練、推進群眾運動、設立文武黨校，建立黨化、政治化的主義兵和黨軍。在黨外「反赤」，黨內「反共」的氛圍中，孫中山以黨魁威信執行聯俄容共政策，並在中共黨團活動暗潮中，接受包括俄共軍政顧問及盧布和軍火的援助。孫中山及其黨，在尋求外援聲中，聯合軍閥以反軍閥，同時喊出反帝國主義、反軍閥的口號，其手段、方法均稱詭譎。國民黨因此在黨組織型態及內容，由「革命黨」兌變為「革命政黨」，精神幾為之煥然一新。「三民主義」及「國民革命」遂成為中國前途的目標及手段。

當然，1924 年國民黨一大及第一屆中央執行委員會，在「以俄為師」的方向下，採取聯俄容共政策，並逐步走向黨國體制，所謂俄化、黨化，其得失之間，在歷史研究中仍有大大的爭議空間。然而，國民黨由黨員疏離、組織散漫到能掌控政治全局，由侷促一隅到一黨獨大，由個力到黨力的表現，都屬可圈可點。在此同時，黨統分裂、派系爭奪、國共對抗、絕俄分共，從

「共同奮鬥」到視如寇讎，[17] 卻又可能是長遠優勢的致命傷。

　　1954 年 6 月，在臺北的中國國民黨中央秘書處曾編印出版了這一套《會議紀錄》，可惜多所省略。本社特別據原始會議紀錄進行比對，因此篇幅增加，分裝四冊。相信學界對此一慎重其事的「存真」出版態度，一定會格外肯定。這套《會議紀錄》中涉及的許多文件，多半可以在黨史館的「漢口檔案」及「五部檔案」中尋得。當然，這套紀錄不可能提供改組的所有黨務更革資料，例如聯俄時期的經費來源問題，《會議紀錄》固然也有不少黨部經費報告，但俄援如何到來？到來數字有多少？中方資料始終晦莫如深，這只能求諸其他檔案的補充。近年，莫斯科俄國檔案陸續開放、出版，其中有許多當年情報、文件，如今已迻譯為中文，如能有更多昔為極機密。今已公開的不同語文資料參照比對，歷史當會更加透明。史家多半野心十足，常期待打開潘朵拉盒子，以解開更多的歷史之謎，這，往往是他們的奢求。

17 1925 年 12 月 31 日中執會 131 次會中，汪精衛提案以第二次全國代表大會名義贈送鮑羅廷鑲有「共同奮鬥」銀鼎，獲得通過。諷刺的是次年 7 月，汪武漢政權便把鮑給趕回蘇俄。

編輯凡例

一、本書收錄中國國民黨 1924 年至 1925 年於廣州召開
　　之第一屆中央執行委員會會議紀錄。

二、古字、罕用字、簡寫字、通同字，若不影響文意，
　　均改以現行字標示，恕不一一標注；無法辨識或漏
　　字者，則改以符號■表示。

三、本書改原稿之豎排文字為橫排，惟原文中提及
　　「左」、「右」等方向性文字皆不予更動。

目　錄

委員名單

　　民國十三年一月三十一日，中國國民黨第一次全國代表大會第十六次會議選舉中央執行委員、候補中央執行委員、中央監察委員及候補中央監察委員當選名單。

中央執行委員
二十五人
孫總理　胡漢民　　汪精衛　張靜江　廖仲愷　李烈鈞
居　正　戴季陶　　林　森　柏文蔚　丁惟汾　石　瑛
鄒　魯　譚延闓　　覃　振　譚平山　石青陽　熊克武
李守常　恩克巴圖　王法勤　于右任　楊希閔
葉楚傖　于樹德

候補中央執行委員
十七人
邵元冲　鄧家彥　沈定一　林祖涵　茅祖權　李宗黃
白雲梯　張知本　彭素民　毛澤東　傅汝霖　于方舟
張葦村　瞿秋白　張秋白　韓麟符　張國燾

中央監察委員
五人
鄧澤如　吳稚暉　李石曾　張　繼　謝　持

候補中央監察委員

五人

蔡元培　許崇智　劉震寰　樊鍾秀　楊庶堪

第二十九次會議

十三年五月十五日

到會者：林　森　李宗黃　柏文蔚　邵元冲　于右任
　　　　廖仲愷　彭素民

主席：廖仲愷
常務委員：彭素民

報告事項

一、宣讀第二十八次會議紀錄。
二、澳洲雪梨支部成績報告案。

雪梨支部報告成績及請委各部職員案

中央執行委員會海外部諸先生均鑒：

　　敬啟者，茲呈上本支部民國十二年成績表一紙，尚希查照備案並登黨報藉資表揚，並呈上本年各部職員表共一十五份計開：

　　　　雪梨支部　布冧分部　麥溪分部　普扶分部

　　　　庇厘士濱分部　谷架坡分部　威靈頓分部　馬登分部

　　　　美利濱分部　鳥加素分部　屋崙分部　所羅門分部

　　　　洛金頓分部　亞包分部　克列分部

仰祈查收，轉請總理准予給發委任狀，俾各尊重職守而維持黨務，無任切盼。謹此即頌黨祺

　　　　　　部長余榮　總務主任董直　書記李少勤

　　　　　　　　　　十三、四、十二

澳洲及南太平洋羣島中國國民黨雪梨支部成績表

國屬埠屬：英國屬雪梨埠

成立年月：民國四年五月三十日成立

黨員人數：屬本支部黨員共六百五十七名

統轄：廿四分部四通訊處，共有黨員六千二百八十九名

計開支分部：

雪梨支部　堅士分部　普扶分部　威靈頓分部

馬登分部（本年成立）亞包分部　大溪地分部

坭雨爹分部　加並分部　美利濱分部　克列分部

布冞分部（本年成立）　谷架坡分部　屋崙分部

墨溪分部　庇厘士濱分部　般埠分部　飛校分部

洛金頓分部　波地呢分部　所羅門分部（本年成立）

湯士威路分部　鴉打頓分部　鳥加素分部

計開四通訊處：

夏馬頓通訊處　薩摩通訊處　忌連彌士通訊處

巴辣通訊處

學校辦理：繼續夜學

閱書報社：民國四年五月卅日成立

共閱報一十五種

演說辦理：每星期在黨所演說及便中往街上宣傳主義

黨費辦理

計開：

支週年共交本部收基金銀六百零六磅

支週年茶會各種器用文具銀六十五磅（■元）

支劉才司理繳收經費、打掃黨所工金銀一百五十磅

支本支部水喉地稅電煤火（■元）銀四百五十四磅卅元
支本支部電板郵費修飾銀五百零一磅（1,470 元）
五柱共支銀一千七百八十二磅（1,950 元）
籌餉經過
計開：
十二年
一月三日電匯總理收銀五百磅
二月五日由亞包分部電匯交總理收銀三百一十磅
一月廿五日電匯總理收銀五百磅
二月十四日電匯總理收銀二百磅
七月十九日電匯總理收銀一百磅
十一月七日電匯本部收銀四百四十磅
八月一日匯交本部收銀三百磅
週年各部直接匯交總理及本部，未經報告本支部約銀二
千七百磅，以上八柱共該銀五千〇〇五十磅俱屬全體。
各種籌金：
籌支建築支部黨所全座該銀壹拾貳千磅，屬全體倡建。
籌辦民報有限公司為機關報本銀三千磅數，屬全體倡辦
籌支陳安仁先生十一年薪金三百磅，屬全體供給。
籌支陳安仁先生本年薪金四百〇五磅（95 元），屬全
體供給。
籌支陳安仁先生歸國禮物銀五十九磅，屬各部支部另外。
籌支送陳安仁先生舟車費銀四十一磅〇二元，屬本支部
各各未計
籌支大會代表黃右公君舟旅費銀一百五十磅，屬全體。
籌支各種慈善捐共銀四百三十二磅（■元），屬全體各

部直寄未錄。內包含賑旅日同志捐款、助本洲善堂醫院捐、助夏重民捐。

籌辦建築黨所公債銀一千三百磅。

以上九柱共該銀一拾七千六百八十八磅（■元）

連上合共支出銀二拾四千五百貳拾一磅（1,090 元）

（十二年）部長金榮　黨務主任張紹峰　評議部長朱景

副部長馬樹培　會計主任林汝楊　書記李少勤

總務主任董直　宣傳主任黃來旺

討論事項

一、雪梨支部呈請委任所屬各部職員案。

決議：照第十九次會議討論事項第六案辦理，但登記
　　　備案，不另發委狀。

民國十三年澳洲雪梨支部職員表

正部長：余　榮

副部長：馬樹培

書　記：李少勤　馬亮華

總務科

正主任：董　直

副主任：徐日初

幹　事：方　錫　馬月華　陳錦才　劉思華女士
　　　　陳金蘭女士

黨務科

正主任：張紹峰

副主任：陳富章

幹　事：梁　龍　蕭星賢　劉　龍　余毓仲　陳恩夫人

會計科

正主任：林汝楊

副主任：郭醴泉

幹　事：劉　才　董　晃　李幹泉　黃　培

　　　　文拿照女士

宣傳科

正主任：黃來旺

副主任：鄭觀陸

幹　事：何　貴　李壽田　黃樹梧　歐陽南夫人

　　　　郭照夫人

評議部

正義長：朱　景

副議長：郭　照

書　記：劉博明　余吉屏

評議員：陳　芳　梁維琳　劉　疇　陳　福　許　藻

　　　　梁　乙　余　瑞　黎秉興　甄植綱　馮關田

　　　　何桂榮　蔡　英　高　玉　黃潮安　鄺　鎮

美利濱分部職員表

正部長：伍洪南

副部長：陳任一

書　記：黃襄望

幹　事：雷振聲

總務科主任：許　秋

幹　事：鍾　鎰　劉維呂　高厚華　余權和

黨務主任：楊備朝

幹　事：李理臣　黃天祥　張　祥　酈仕德夫人

會計科主任：周家鈴

幹　事：劉維光　劉康民　潘　森　林　炯

宣傳科主任：鍾　燮

幹　事：梁　解　周　申　周申夫人　雷抵衛女士

評議部

正議長：黃　厚

副議長：雷　遇

書　記：黃國重

評議員：陳宗權　雷家稔　梁　梅　雷　岳　溫　祝
　　　　雷　俊　雷學海　張孔鈿　黃孔望　關玉雲
　　　　陳　壯　陳榮享　林　月　林　榛

澳洲墨溪埠分部職員表

正部長：林　甲

副部長：馮　壽

書　記：趙　祥　曹樹棠

總務科主任：陳　乾

幹　事：王　保　楊　水

黨務科主任：梁　騷

幹　事：梁金福　劉晚江

會計科主任：雷學賽

幹　事：司徒雙龍

宣傳科主任：林　達

幹事：麥　根

評議部

正議長：曾三貴

副議長：余觀成

書　記：劉　海　葉經和

評議員：陳總平　溫觀福　黃丁貴　曾康義　林錦華
　　　　梁　達　何　桐　陳　仰　蔡　暢

澳洲卑利士濱埠分部職員表

正部長：高紹清

副部長：蕭庚蓋

書　記：楊健清

總務科主任：陳立梅

幹　事：阮　力　蕭介生

黨務科主任：劉　敬

幹　事：劉　平　張　生　劉泗全

會計科主任：劉　敬（兼任）

幹　事：劉玉湖

宣傳科主任：葉玉軒

評議部

正議長：陳錫余

副議長：鄭　帝

書　記：孫玉韶

評議員：蕭介生　侯　留　陳華麗　馮　興　鄭允漢
　　　　陳　華　阮義順　蔡己未　蕭炤熙　黃兆光
　　　　阮禮宏　劉　見　陳贊忠　胡海生　高紹康

谷架坡分部職員表

正部長：司徒桂

副部長：利　珠

書　記：劉景三

總務科主任：梁　秩

幹　事：龍　瑞

黨務科主任：梁　秩（兼任）

幹　事：李　如

會計室主任：司徒聖

幹　事：司徒勤　鍾　元

宣傳科主任：鄺　松

幹　事：胡觀楊

交際科主任：利　珠（兼任）

幹　事：劉　錦

評議部

正議長：黎　東

副議長：關　恒

書　記：楊　卓

評議員：黃　帶　李　石　司徒宗　司徒端　李　萬

布㗅埠分部職員表

正部長：陳利煥

副部長：雷連德

書　記：陳喜堂　伍于餘

總務科主任：鄺祝三

幹　事：陳水萍　伍于定　司徒承彩　符世祥　歐世治

　　　　　詹壽山

黨務科主任：鄺敬銓

幹　事：鄺名安　伍倉德　鄺國禎　何清淘　梁桂昌
　　　　鄺　強

會計科主任：伍時宋

幹　事：陳典學　黃廣賜　鄺燮俊　余鈺章　冼乾傑
　　　　梁將幹

宣傳科主任：雷連德

幹　事：余鈺章　鄺棟敬　伍均權　姚國文　蔡世官
　　　　朱浩裘

評議部

正議長：鄺敬樹

副議長：鄺伍敬

書　記：李奕成

評議員：陳養貽　洪昌運　黃枝榮　鄺修宗　何恭鋆
　　　　廖安田　陳齊寬　李奕成　陳治連　余瓊中

澳洲普扶埠分部職員表

正部長：關嗣澄

副部長：閔嗣瀚

書　記：陳立祚

總務科主任：譚英文

幹　事：潘　積　錢椿榮　黃憲立　胡昌熾　陳立滿

黨務科主任：胡迺和

幹　事：胡植邦　鍾大囊　陳典賽　尹　德

會計科主任：鍾啟鎮

幹　事：黃德敏　謝維顯　何貽英　陳麻孫　趙耀權

宣傳科主任：謝　棟

幹　事：何燕傑　謝永聰　李昌濟　廖　登

交際科主任：雷永鴻

幹　事：士茂女士　關　栢

評議部

正議長：謝　坤

副議長：李仲泉

書　記：譚小赤　潘保榮

評議員：朱始杏　范明陽　司徒董　陳瓊宜　黃宗培
　　　　謝　海　張文燊　溫振洽　鍾　欣　黃　彪
　　　　潘成財

駐那淡埠幹事：劉　景　李傳遠

馬登埠分部職員表

正部長：王祿英

副部長：關　炎

書　記：鄒福棠

幹　事：張元華

總務科主任：劉成喜

幹　事：余斯選

黨務科主任：胡　庚

幹　事：郭仲篪

會計科主任：司徒棠

幹　事：司徒尚栩

宣傳主任：郭　福

幹　事：鄒福棠（兼任）

評議部

正議長：莫　文

副議長：王祿安

書　記：陳明本

評議員：司徒均　譚華煖　林　留　李銀聖

鳥絲崙委靈頓埠分部職員表

正部長：顏繼昌

副部長：黃同發

書記：顏健鑰

總務科主任：陳兆芳

幹　事：顏卓輝

黨務科主任：楊劉安

幹　事：謝容光　蘇樹燊

會計科主任：黃灼南

幹　事：楊金沂　顏可發

宣傳科主任：吳楫康

幹　事：朱　棟　顏均桃

評議部

正議長：顏健鑰

副議長：顏鑑光

書　記：顏利和

評議員：顏孟璣　顏麗邦　沈馬太　周　鈿　顏靖如
　　　　顏緒華　顏炳坻　顏耀華　吳耀全

駐汪嫁爾埠幹事：楊華有　顏慶祺

烏加索分部職員表

正部長：繆朝佐

副部長：譚　輝

書　記：繆甘瀛　林華卓

總務科主任：楊　曉

幹　事：繆　秋　黃桂全

黨務科主任：繆沛堯

幹　事：繆國瑜

會計科主任：阮品琛

幹　事：劉　杳　繆社松

宣傳科主任：楊裕芹

幹　事：繆　近　何興茂

評議部

正議長：劉仰廷

副議長：劉衛衡

書　記：蔡　提

評議員：劉　昌　劉淦全　楊　開　楊　賀　楊錫遐
　　　　楊　文　繆　桐　繆杏堂　梅　全　繆家璧
　　　　鍾義帝　胡善楊

亞包埠分部職員表

正部長：司徒管

副部長：萬金培

書　記：司徒雅文

副書記：司徒尚珍

總務科主任：胡　玩

幹　事：周　想　司徒枚　司徒奕楠

黨務科主任：譚　明

幹　事：司徒蔭　馬元疊

會計科主任：呂　燦

幹　事：盧泰基　李　振　司徒金旺

宣傳科主任：司徒慈

幹　事：甄　成　司徒良

交際科主任：司徒仕慶

幹　事：林　據　黃　佐

評議部

正議長：羅　昆

副議長：張　鴻

書　記：鄧慶煒

評議員：林　興　林　章　林幹臣　譚　富　譚輝屏
　　　　周　英　黃　順　鍾慶南　呂　均　陳　才
　　　　梁　杰　梁　海　梁　年　司徒棟　司徒文持
　　　　司徒俊廉　司徒德發

洛錦頓分部職員表

正部長：伍卓標

副部長：蕭壽南

書　記：林兆邦　李德南

總務科主任：黃社楊

幹　事：雷維盛　高妙勝

黨務科主任：高文波

幹　事：蕭煒標　伍馬培

會計科主任：周百流

幹　　事：王澤饒　伍養連

評議部

正議長：曹德然

副議長：麥　猷

評議員：雷道月　劉西就　許言彭　周　甜　高裕東
　　　　蕭北元　蕭元合　劉　勝　雷學清　周昆洪

克列埠分部職員表

正部長：劉孔芳

副部長：朱　和

書　記：林祖覺

總務科主任：謝濟藻

幹　　事：伍文崔　勞經雲　謝美桃　謝永賞

黨務科主任：謝美錦

幹　　事：葉啟元　謝汝燏

會計科主任：謝　吉

幹　　事：謝汝臻　謝汝寀

宣傳科主任：潘　南

幹　　事：潘茂華　潘大華

評議部

正議長：謝永槐

副議長：林　煖

書　記：林祖覺（兼任）

評議員：謝世彤　謝聖詔　謝聖表　劉孔蒼　謝永讚
　　　　謝永賢　謝永遠　鍾承乾

紐絲崙屋崙埠分部職員表

正部長：吳　芳

副部長：劉錦梁

書　記：黃庶莊　黃鑑澄

西文書記：陳華福　黃聯芳

總務科主任：區星耀

幹　事：吳壬嵩　鍾錦芬　張若湖　董　發

黨務科主任：陳公秉

幹　事：陳　明　謝鱗柱　黃槐欽　黃卓池

會計科主任：黃錫堯

幹　事：石　大　黎並佳　劉聯添　陳壽南

宣傳主任：鮑以文

幹　事：莫汝材　黃添培　黎潤華　鍾佐建　李愛用
　　　　盧玉顏女士　黃坤一女士

交際科主任：陳華福

幹　事：吳存業　陳錫祺　陳羅保　沈炎照

評議部

正議長：蘇超凡

副議長：劉　南

書　記：吳砥伯　楊文捷

評議員：張麗壎　葉汝蓁　張玉波　周桂枝　蔡永光
　　　　邵棟華　余　鑑　劉鑑培　鍾葉春　趙國熊
　　　　黎錦銓　吳紹修　陳惠乾　陳約瑟　陳能威
　　　　陳　興

所羅門分部職員表

正部長：譚　戊

副部長：余　華

書　記：司徒湛

總務科主任：黃　榮

黨務科主任：何滿齡

會計科主任：何池德

宣傳科主任：麥　麗

副主任：陳　章

幹　事：梁　禎　何國才　易錦蘭　梁　彩

評議部

正議長：關三才

書　記：陳　璋

評議員：羅　敬　陳　登　鄒　貴　馮　南

二、北京執行部報告各任事人員月薪數目變更情形，請
　　總理核准函。

決議：通過。

三、組織部提出：給發山陝軍黨團最高幹部圖記及其
　　式樣。

決議：印文如組織部所擬：「中國國民黨山陝軍黨團
　　　最高幹部執行委員會印」，式樣照省執行部。

四、組織部提出：第七區第三區分部建議，懲誡同志於
　　黨員大會缺席之辦法。

決議：由秘書處起草，下次提出討論。

五、第五區第六區分部函請解釋：前次各區分部，依照
　　三聯根收據徵集之黨費，是否須補給印花。
決議：自本年一月起，各區所發三聯根收據，概行換給
　　　印花。

六、中央監察委員會審查三藩市黨員張澤榮應照開除黨
　　籍公函。
決議：照辦。

七、農民部提出：補助東江農民運動經費。
決議：由本月起每月補助五十元。

八、上海執行部提出：設置圖書室辦法及編輯叢書辦
　　法，並請先撥款一部份函。
決議：照辦，匯款俟經濟充裕時再撥。

上海執行部提出設置圖書室辦法及編輯叢書辦法
　　　　　　　　　　　　　中央執行委員會
　　四月三日上海執行部第七次執行委員會議戴季陶同
志提議，搜集三十年來中國政治、經濟、教育、文學及
社會思想等各種文獻，上海、廣州各備一份總目及預算
由上海編制，當經一致議決辦理，並請季陶同志於到
廣州時向中央交涉此事，旋接季陶同志自粵函電均稱已
得總理同意，並允撥款五千元作為開辦費，請將詳細目

錄開寄等語。上海宣傳部當以搜集書報宜就目前均用者及可能者開始搜集，故其目錄不必一次詳細開列，但立搜集標準隨時注意搜集，擬定設置圖書室辦法三條，經上海執行部第十次執行委員會議通過，茲特呈請察核並請從允撥五千元開辦費中早日匯下貳千元，以便著手進行。上海宣傳部復以編輯叢書，以廣黨內黨外人士之閱覽，實屬宣傳進行之要著議，於宣傳部指揮之下組織編輯所聘請專人負責編譯各種叢書，擬定辦法三條，經第十次執行委員會議通過，方待呈請核奪，適奉六函有採取瞿秋白同志提議組織委員會編輯列寧文集，及戴季陶同志修正瞿同志提議，加入編譯俄國法制之決定，囑為照辦，兩方用意不謀而同，惟來函所稱係單獨編譯俄國法制及列寧文集，此同辦法則定最初編譯之書有下列諸項：（一）政治、經濟之著作可與本黨主義政綱相發明者。（二）記載俄、德、法、美等國革命及各弱小民族反抗運動之歷史。（三）研究革命與社會進化原理之書籍。（四）可以鼓舞革命精神之文學小說。（五）系統記載時事問題之專書，範圍較廣且於對國民宣傳上亦似較為緊要，而於尊處所列俄國法制及列寧文集二種，實已包括於第一、二、三各項之中，又用編輯委員會各義，係屬黨內委人編輯性質，用編輯所名義則可公開於黨外徵集必要文稿，作用略有不同，擬請依據此間辦法決定進行，至於經費一時未能預計，擬俟尊處將辦法決定後實際進行時再行呈請核奪。所有在上海執行部設置圖書室及編輯所辦法，特函呈請察核，即祈決定示覆，並匯下圖書室一部分之開辦費貳千元俾利進行，至為感

荷。此頌

黨祺

　　　　　　　上海執行部　汪精衛

　　　　　常務委員　胡漢民　葉楚傖

　　　　　　　十三、五、十

設置圖書室及辦法

（一）本黨圖書室其設在上海執行部者，由上海宣傳
　　　部籌辦交民智書局管理。

（二）開辦費暫定為五千元，應最先收買下列各書報：

　　　1.關於可供選擇譯述的外國文書報。

　　　2.歷年海關報告。

　　　3.民報、新民叢報、東方外交報、大中華、甲
　　　　寅、新青年等各項重要雜誌。

　　　4.廣東及北京各部署統計及公報。

　　　5.銀行商會等的定期出版物。

　　　6.歷年外國人研究中國最近政治經濟的書報。

　　　7.其他必要的參考書報（由各部長編輯員隨時
　　　　提出）。

（三）圖書室應設專人員管理之責任保存書報、登記
　　　書目及借閱人姓名，其管理規則另定之。

設置編輯所編輯叢書辦法

（一）由宣傳部組織編譯所聘請負責專人編輯各種叢
　　　書，被聘編譯之人須具備左列條件：

　　　1.精通一國以上之外國文（除一部分專司彙輯
　　　　中國書報材料者外）。

        2. 中文清暢。

        3. 能按規定時間到編輯所辦公，每月按其成績
          核發薪金。

（二）亦得委托編輯所以外之人編譯專書，成後給其
      稿費，或規定抽收板稅辦法。

（三）最初編譯之書限於下列種類：

        1. 政治、經濟之著作可與本黨政綱相發明者。

        2. 記載俄、德、法、美等國革命及各弱小民族
          反抗運動之歷史。

        3. 研究革命與社會進化原理之書籍。

        4. 可以鼓舞革命精神之文學小說。

        5. 系統記載時事問題之專書。

          各項應最先編譯之書箱，由上海執行部商
          議，指定交編輯所分配編譯。

九、海外部提議：海外各級黨部頒發黨證辦法。

決議：通過。

海外各級黨部頒發黨證辦法

一、海外黨證之發給，由海外各級黨部辦理之。

二、海外黨證頒發手續，先由海外各級黨部預算需用
    黨證若干，向所屬上級黨部報告。例如區分部向分
    部，分部向支部，支部向總支部（如總支部未成立
    之地方，則支部可直接向中央執行委員會報告），
    再由總支部向中央執行委員會彙領空白黨證（如總
    支部未成立之地方，則支部可直接向中央執行委員
    會彙領），分發各級黨部。

三、各級黨部領到黨證後，應即通告黨員發證日期，開始發證。

四、各級黨部開始發黨證後，無論新舊黨員，必須一律先到所屬黨部，將「黨員調查表」照式填妥，由該屬黨部發回「調查完畢證」到所屬黨部領取黨證。

五、凡黨員領取黨證，必須攜備本人半身二寸軟膠相片一張，交發黨證處，將相片貼在本人黨證內，並打一水印（如無水印該屬黨部朱印亦可）及編列號數，隨即發還本人。

六、凡各級黨部頒發黨證時，必須編列號數，即將號數編列名冊兩份，一份存所屬黨部，一份寄中央執行委員會海外部存查。

七、黨證內必須按月貼黨費印花，此項印花條例，可查照第二十三次中央執行委員會會議錄辦理之。

八、「黨員調查表」，及「調查完畢證」，各級黨部可依照中央執行委員會製定之樣式，自行印用。

第三十次會議

十三年五月二十二日

到會者：林　森　胡漢民　戴季陶　彭素民　鄒　魯
　　　　廖仲愷　柏文蔚

主席：廖仲愷
常務委員：彭素民

報告事項

一、宣讀第二十九次會議紀錄。

二、工人部報告工人代表會執行委員會第一次會議經過。

工人代表會執行委員會第一次會議經過報告

一、出席代表

　　　電報工會代表——郝德彰

　　　輾穀工會代表——黃志生

　　　廣三鐵路代表——劉公素

　　　漢文排字工社代表——王玉衡

　　　理髮工會代表——蔡芹生

　　　輪渡工會代表——何子斌

　　　車衣工會代表——呂漢泉

　　　酒業工會代表——鄺　孔

　　　土木建築工會代表——李詠堂

　　　油業工會代表——胡　超

　　　海員工會代表——鄺達生

　　　電燈局代表——朱　明

鐵路車務工會代表——潘兆鑾

工人部部長——廖仲愷

二、議決事項

1. 革履工人聯合會退出執行委員會案。

決議：由候補委員織紗工會補上。

2. 執行委員會會議時期及地址案。

決議：每月一號及十六號會議一次，會議時間下午
　　　七時，地址暫借本黨中央執行委員會會所。

3. 執行委員會聘請書記案。

決議：聘請書記一人，經費由本黨中央執行委員會
　　　工人部支給。

4. 組設特別委員會案。

決議：組設特別委員會如下：（甲）合作委員會；
　　　（乙）教育委員會；（丙）工報委員會。
　　　三委員會會議時期及時間，每星期日一點
　　　到四點。

三、當選委員

1. 合作委員會委員：機器工人維持會，中華海員
工業聯合會，輾穀工會，油業工會，理髮工
會，土木建築工會，茶居工會。

2. 教育委員委員：機器工人維持會，中華海員工
業聯合會，油業工會，理髮工會，土木建築工
會，電報工會，粵漢鐵路。

3. 工報委員會委員：機器工人維持會，中華海員
工業聯合會，輪渡船務總工會，理髮工會，起
落貨集賢工會，電報工會，漢文排字工社。

工人部報告

討論事項

一、組織部報告組織香山縣黨部情形。

決議：所選出之胡勁子等十一人為籌備員，由本會發函
　　　承認。

組織香山縣黨部報告

　　為報告事，崧於一日奉命，協同組織部組織員蕭一
平同志，前往香山組織香山縣黨部。二日抵步，三日起
舉行登記，至十四日止，黨員登記者三百零五人，其中
在阮分部長任內，未曾登記補納年捐壹元者四十三人，
並於十三日起，續發出通告，召集各同志於十五日下午
一時到城內仁厚里九號舊分部內開黨員大會。但崧以目
前香山黨務甚形紛亂，非採各方同志意見，取得平允辦
法，恐大會時仍有所爭執，乃於十三日正午十二時召集
同志十七人，開一談話會，討論籌備期間之工作，籌備
員人數，籌備員產生方法等問題，十五日大會，到者
九十九人，首由崧報告本黨改組經過，並解釋宣言與組
織法。蕭一平同志宣佈組織縣黨部進行方法。隨由崧並
說明籌備處之組織並提出十七個同志，請眾同志公決。
結果：胡勁子、甘霖、朱熱誠、王予一、李廷寶、何君
碩、鄭漢宜、余仁舟、蘇華、蕭漢宗、李翰屏等十一人
當選為籌備員，陳俠郎、談恩海、黃彌謙、余一鳴、劉
覺羣、劉蕢階為候補。並於是晚開第一次籌備會，其決
定事項如下：

一、工作分配

　　1.秘書一人——公推何君碩擔任；

　　2.會計一人——公推李翰屏擔任；

　　3.組織主任一人——公推胡勁子擔任；

　　其餘六員均擔任組織。

二、辦事時間　每日上午十一時至下午一時，下午二時至五時。

三、開會時間　逢禮拜三、六兩日晚上七時半開籌備會。

四、每星期報告中央一次。

五、關於組織方面　先從第一區內著手，將第一區劃分東、西、南、北、良都五個區域，先組織五個區分部，徵求黨員，然後以黨員人數之多少，分組區分部及區黨部，俟第一區內組織完備，再向各區組織。

六、經費　除中央籌備費壹百元外，尚有縣署交來塘魚捐，報效銀一百元，登記時補收得之年捐四十三元，共二百四十三元。除由五月二日起至十六日止，由崧與蕭一平同志支出伍拾六元九角四分外，仍存廣毫壹百捌十六元零九分，俱交籌備處會計李翰屏同志手收。

　　以上所述各節，是組織香山縣黨部之經過情形也。尤有一層，須聲請中央執行者，已選出之十一部籌備員，須由中央加委，此因香山黨務紛亂，黨員意見紛歧，非集中權力於中央，不足以促成其進行之利便也。此上中央執行委員會

　　　　　　　　　　組織部指導員劉爾崧報告

　　　　　　　　　　五月十八日

二、海外部說明：海外發行黨費印花，應請准適用「發
　　行黨費印花條例」第四條辦理。
決議：應適用該條例第一條、第二條及第四條。

三、秘書處提出黨員連次不出席於區分部黨員大會之懲
　　戒條例及附案。
決議：通過；另關於黨團開會缺席懲戒辦法，由組織部
　　　　另行起草提出公決。

黨員連次不出席於區分部黨員大會之懲戒條例

一、黨員無故連續三次不出席於所屬區分部黨員大會
　　者，由該區分部去函詰問之。
　　其詰問詞曰：××同志，自×月×日第幾次黨員大
　　會起，至×月×日第幾次黨員大會止，執事已連續
　　三次不出席，亦未請假，應請申述缺席理由，並祈
　　於下次會議屆時出席，為要。
二、黨員接詰問書後，下次仍不出席，並不申述缺席理
　　由者，即由該區分部去函警告之。
　　其警告詞曰：××同志，執事至×月×日第幾次黨
　　員大會止，已連續四次不出席，前經詰問，亦未據
　　申述缺席理由，應請注意本黨紀律，仍盼於下次大
　　會屆時出席為要。（箋首並標明「警告」二字）
三、黨員接警告書後，下次仍不出席，並不申述理由
　　者，區分部則將該黨員姓名列報於上級黨部，同時
　　停發該黨員開會通知書。如該黨員欲申明故障，請
　　求復予出席，須履行下列手續：
　　甲、在停發開會通知書之本會期內，可以親往區分

　　部申明故障，准予出席。

乙、在停發開會通知書之第二會期內，即須向區黨
　　部申明故障，由區黨部給函，依期攜往出席。

丙、在停發開會通知書之第三會期內，即須向縣或
　　市黨部申明故障，由縣或市黨部給函，依期攜
　　往出席。

丁、在停發開會通知書之第四會期內，仍不向縣或
　　市黨部申明故障者，即行停止黨籍，同時由縣
　　或市黨部開具事實，報告上級黨部備案。

四、在停發開會通知書之第四會期內，仍不向縣或市黨
　　部申明故障者，即行停止其選舉權及被選舉權，同
　　時由縣或市黨部開具事實報告上級黨部備案。

附案

（一）此條例之施行日期因各地方之情形不同，另案
　　　分別決定之。

（二）此條例通過之後應先行發表報章並印傳單遍散
　　　黨員使得周知。

（三）印發此條例時須附申告書喚起注意。

四、張委員知本再函辭職案。

決議：仍慰留。

五、漢口執行部函：請電促張委員知本赴漢，並請任周
　　汝翼同志為婦女部長案。

決議：照辦。

六、上海執行部請酌定撫卹張孟介烈士眷屬案。

決議：給四百元，由本會撥匯滬執行部轉給。

中央執行委員會：

　　頃據同志管鵬函稱，已故同志張孟介自民國九年在滬被刺後，其家屬以生計支絀小住金陵，僅留第一、第二兩女求學於上海，屢承孫總理暨親愛友朋之眷助，又幸其二弟仲藝曾供職於許軍長部下，薄得薪資盡以贍養其家，以故四、五年來敷衍度過。近聞孟介之老母衰年多病，思還故土，然預計鄉里所有薄田不滿百畝，舊屋毀於倪氏，片瓦無存，兼之孟介親族自其胞叔以下死於辛亥革命者六十餘人，戶閭蕭條，情可想見然此皆為未來之困難，今且不遑遠慮也。惟目前移家北歸，所有甯宅之結束與在途舟車各費在在為難，而行期迫在十日內外（租屋期滿），計無所出，只好懇請先生將介家困苦情形提議於執行委員會，由黨中酌卹千元或數百元，使行者早日就道，孟介有知感當何似，鵬謹陳詞代懇諸希垂照惠賜覆示為荷，經提出常務委員會議討論，僉以卹撫被難同志。全國代表大會開會時曾有代表提議，由中央執行委員會酌量辦理管同志所請撫卹已故張孟介同志家屬一節是否可行，及撫卹費數目此間未便決定，相應錄函轉請中央執行委員會酌定見覆，以憑轉告管同志，無任感荷敬頌

黨祺

上海執行部印
十三、五、十三

七、青年部報告：廣東赴日考察團已組織黨團，請指示
　　關於黨應負的工作函。

決議：

　　（一）介紹日本各埠黨部與接洽；

　　（二）向各埠黨員報告本黨改組情形；

　　（三）攜帶宣傳品往散。

八、秘書處報告：廣州市黨部組織開會情形及決議，請
　　本會函粵支部，將前支部地址移交市黨部案。

決議：照函前粵支部辦理。

第三十一次會議

十三年五月二十六日

到會者：廖仲愷　胡漢民　林　森　柏文蔚　鄧澤如
　　　　彭素民

主席：胡漢民
常務委員：彭素民

報告事項

一、宣讀第三十次會議紀錄。

二、上海執行部報告：核准學生總會津貼及催匯個人津
　　貼函。

決議：總會津貼照辦；惟個人津貼須由本會議決之月
　　　（即三月份）起算。

三、工人部報告：藥材丸散店罷市情形。

討論事項

一、廣州市監察委員會章程草案。

決議：修正通過。

中國國民黨廣州特別市監察委員會章程

第一條　本市監察委員會由市監察委員三人組織之。

第二條　本市監察委員會之職權如下：

　　　　甲、稽核市執行委員會財政之出入。

　　　　乙、審查市執行委員會黨務進行情形，及部
　　　　　　員之勤惰；指令下級黨部，並稽核其財

政與黨務。

丙、稽核市黨部任職人員，及黨員是否有違
反黨綱及紀律之行為。

丁、受理下級黨部關於稽核財政上與黨務上爭
執之事件，及關於黨員違反紀律之案件。

第三條　本市監察委員會每星期開會一次，遇有特別
事項時，得開特別會議，有監察委員兩人出
席，即得開會。

第四條　本市監察委員會開會時，候補委員得列席會
議，但只有發言權。

第五條　本市監察委員會開會，遇必要時，得請市執
行委員會列席，但只有發言權。

第六條　市監察委員會對於第二條各項事件，須得市
監察委員會多數之決議處理之。

第七條　本市監察委員三人，每日輪流一人，到會處
理日常事務。

第八條　本市監察委員會設秘書一人，幹事若干人，
輔助市監察委員執行日常事務。

第九條　本市監察委員遇故離任，或不出席時，由候
補市監察委員依次補充之。

第十條　本章程經中國國民黨中央執行委員會核准
施行。

二、青年部提出：劉奮翹請派幹員赴東京指導組織支
部函。

決議：照第二十四次會議決議案覆之。

青年部提出劉奮翹請派幹員赴東京指導組織支部函

　　東京為同盟會產生之地，全國學子萃集其間，離去祖國已遠，空氣較清，目見耳聞，無非刺激傷心材料。辛亥革命，留日學生，效命疆場，奔走運動，厥功甚偉。入民國後，黨務雖停進行，然孫總理革命精神，無日不圍繞於學生腦海也。十年冬，孫總理派陳季博君為東京特派員，組織黨部，同志加盟入黨者日多，不數月，東京支部成立，黨務日形發達，遂成為留學界中心團體。十二年春，不幸因故改選，遂分為第一、第二兩分部，黨勢已分，黨外同志裹足不前，此實東京同志之最大憾事。厥後黨務無甚進步。迨正月廣州開改組大會，第二分部派宋垣忠君為出席代表，閉會後，宋君返日報告開會情形，隨籌備改組，舉定九個通訊處籌備委員十人，第一分部亦於第二星期開會，即成立通訊處七所。此時明達者咸謂：值此改組時期，非團結合作無以發揚國民黨革命精神。第二分部於開會時，首先全體贊成派郝兆先君疏通一切，第一分部亦俱認為非聯合不可。但時因細故阻礙進行，故第二分部有促中央執行委員會速派員來東籌備總支部之函，第一分部亦有請派指導員來東商榷之語。現兩分部俱認分立之不當，中央執行委員會乘此時機，宜速派幹員前往指導聯結，則強有力支部隨可告成。東黨工團及黨報立即可辦，東京黨務苟發達，則畢業歸國學生，可回各本省部組織宣傳，運用其革命精神，力量甚為偉大。尚望中央執行委員會諸公加以十分考慮，速派幹員前往組織，是為至要。

三、美洲加拿大代表黃發文條陳黨務意見案。

決議：留備參考，並覆函告之。

黃發文關於黨務意見條陳

　　竊維本黨以革命相號召，卒至廓清數千年來專制之淫威，創立共和政體。此雖同志諸君暨諸烈士之功，未始非本黨宗旨光明正大有以致之也。只緣滿清鼎革，不幸而有洪憲之災；洪憲既覆，旋有張勳復辟之禍；復辟既倒，即有北方惡軍閥相繼橫行，惡官僚竊弄政柄。似此毀法害國，苛政殃民，不法行為，罄竹難書。我孫總理不忍坐視生靈之塗炭，中原之蹂躪，乃依民意之主張，建設正式政府於廣州，未幾命將率軍，誓師北伐，相期殲除群醜，統一全國。詎知陳逆炯明背黨叛國之事起，遂致功敗於垂成。幸而廣東光復，帥府重開，今者陳逆亦將殄滅而北伐之期不遠矣。然而本黨鑒於武人之跋扈，官僚之流毒，黨人之附逆，議員之賣身，並痛邦家之分崩，政治之不修，外患之日亟，經濟之破產，爰有改組之舉。是則本黨之改組，原期黨務之擴張，徐圖政治之純良，促進民治之實現，主義正大，旗幟鮮明，利國福民，意至善也。發文身居美洲，勷理黨務者已十有三年於茲矣，故海外黨務之情形，知之最稔。查迭次革命事起，華僑為國犧牲者，就加拿大論，籌餉也，助械也，義勇軍隊之組織也，飛機學校之設立也，舉凡救國討賊者，置生命財產於不顧，此無他，蓋良心使然也。夫華僑在二十年前，多不知革命為何物，國家為何物，迨乎革命軍興，靡然風從，此無他，蓋以本黨三民主義確可以自救而救國也。噫！三民主義浸淫於人心，

如是之速，實在宣傳者舌爛脣焦之力焉。而乃遲之又久，仍不覺其步，果何故哉？是又在敵黨之惡軍閥、惡官僚，仇視共和，時謀傾陷所致，苟敵黨之阻礙物不除，則宣傳主義殊難推廣，縱使本黨日言改革，日言救亡，亦無濟於事也。發文返國數月，目覩三民主義之宣傳，如我孫總理不時演講，或致訓詞，播於報章，宣示民眾，其與本黨作敵者固無論矣，即以本黨主義為宜之地方官吏與夫鄉鎮各團體，迄未聞竭其力而廣為傳播者，可慨也。近觀本黨改組之專條，其第一要著者，則為凡在革命政府有所任務，必須一律加入本黨，蓋非如此，即不符以黨治國之深意。惟主義宣傳不廣，其入黨者若非有所利用，便為人云亦云，甚且三民主義之原理，亦復罔然不知，黨員尚如此，遑論普通之國人？竊以為主義之宣傳，實為當今之急務，其為宣傳之障礙者，亟應闢而去之，而後本黨之發展，庶可望其速也。發文返國雖屬未久，然默察世界之大勢，國家之潮流，悉心調查，專意研究，故關於黨事國事，自認為或有裨益者，謹列議案三條，敬為諸公陳之，幸留意焉。

一、宜速設監察院以澄清吏治也。查監察院乃本黨五權憲法之一，蓋地方官吏良莠不齊，欲起人民之信仰，立革命政府之威信，不可不迅設監察院，為澄清吏治之機關。凡人民因地方上軍民長官，或勒索欺詐，或收受賄賂，而致冤沉大海者，准其直向監察院告訴，該院據情立行詳查，倘證據確鑿，合即科以相當之罪，毋稍瞻徇，使人民得法律之保障，藉以雪冤，則其愛國之心油然而生，擁護政府之心，亦更為益切矣。

二、對於三民五權其不能演講者，不得充地方官吏也。竊查美洲本黨之發達始於民國元、二年間，二次革命失敗後，僑界有未明吾黨主義者，不敢與革命黨人相接近，甚且避之若浼焉。自勵行宣傳政策，黨報又從而闡揚之，暮鼓晨鐘，發人深省，黨務遂一日千里矣。復查歷年輸財出力以助革命者，強半為夙昔不敢親近及反對之華僑，然則收效至斯者，宣傳主義之力也。海外黨人先受黨之訓練，視黨尤要於生命，故其日中所辦者為黨事，所言者為黨務，其行其志，處處足以感人。由是聞風而起者，雖頑夫亦可以廉，懦夫亦可以立，黨務勃興，端賴於此。獨國內黨員則否，蓋審其日中所謀者為政事，所言者為利祿，徒知升官發財之方，置黨事於弗聞弗問，此國內黨務，縱令在進行無礙之地，仍不能奮進而擴充也。今若不求黨務發展則已，倘欲發展，勢必立一定例，凡執政之黨員，須先熟習三民五憲，面試於所屬長官之前，能者用之，庶使執政者皆依吾黨主義以為政，則三民五憲無難家喻戶曉，而亦不背以黨治國之義，此為治國所以先求治黨之道也。

三、嚴辦海外構陷本黨之僑倀也。僑倀者何？即借外力以構陷民黨之不肖華僑也。夫本黨於海外勢力，以南洋美洲為最，而受敵黨借案陷害亦較他方為尤甚。如加拿大之民八黨禁，其最著者也。領事則捏詞相誣，張（張琛）李（李佛池）則引差拏究，千古奇冤之莫須有三字，竟加諸本黨，當時熱血同志，株連入獄者，實繁有徒！似此慘無天日，吾黨在加拿大，其命運不至中絕者亦僅矣。外此而為僑倀所構陷者，或無如是之甚，惟其仇視吾黨、謀

傾共和者，實則無時無地而不為。此種毒計，予本黨以難堪，此惡不誅，何以為國！國蠹不滅，何以共和！是則嚴辦此等之僑棍，既伸法弛，亦儆效尤。然嚴辦之法，可令海外黨員無論個人或一部份，前此曾被構陷者，准其將僑棍之姓名與罪狀訴由所屬總支部或支分部，詳陳中央執行委員會，轉呈黨政府，准予明令通緝，務使歸案究辦而後已。若其罪較重者，並將在鄉逆產，嚴限查封充公。誠如是，則海外遭害之黨員冤可雪，心可以平，靡特敵黨之兇燄消於無形，即本黨黨務之擴張，寧有涯涘哉。

綜上建議之方案，純屬個人之私見，良以鈞會為高級之機關，有權處決一切之事宜，得以詳請黨政府而執行者也。發文名列黨員，職司代表，謹遵主權在民之旨，為根本治理之圖，用特條陳，提請核辦，苟能容納見諸實行，似於民治之精神，黨務之救濟，不靡稍補，是否有當，統候公議裁擇施行。謹上中央執行委員會

中國國民黨全國代表大會美洲加拿大代表黃發文

四、秘書處請定廣州市施行「黨員不出席於區分部黨員大會之懲戒條例」日期。

決議：廣州自本年七月一日起施行。

五、海外部提出：巴生支部長鄭受炳請褒獎已故黨員詹揚文案。

決議：由海外部覆函慰唁，並告以先將關於本案來往公牘刊登黨報，藉以表彰，俟本會製定褒獎條例再行褒獎。

巴生支部長鄭受炳請褒獎已故黨員詹揚文函

　　為呈報事，竊本支部總務科正主任詹揚文君，廣東瓊東縣人，年三十九歲，賦性剛毅，本黨中堅，生平愛國忠黨，屢次革命助餉出力，無役不從，歷任本支部要職，服務十年黨部賴擘劃，成績卓著，令人欽崇，憶詹君審國勢力顛危，革命目的未達，陳逆又叛，總理蒙難，因之憂鬱成勞疾，抱病年餘，只以抱病為黨專責，勞苦功高，孰意藥石無靈，竟然於本年五月三日逝世，等因，奉此理合呈請鈞座察核備案，予以褒獎，以慰幽魂而勵來者，實為公便。謹呈
中國國民黨中央執行委員會
總理孫

中華民國巴生支部長鄭受炳

中華民國十三年五月十日

六、海外部提出：安南各部來函催請派員往安南主持總
　　支部案。
決議：可派劉侯武去。

第三十二次會議

十三年五月二十九日

到會者：鄒　魯　劉震寰　邵元冲　林　森　戴季陶
　　　　柏文蔚　李宗黃　廖仲愷　彭素民

主席：林　森
常務委員：彭素民

報告事項
一、宣讀第三十一次會議紀錄。

討論事項
一、海外部提出：澳洲雪梨支部請派幹事組織總支部案。
決議：函覆該支部，派幹事與定章不符，依章可派組織
　　　員前往，但現尚未覓定相當之人，應請該支部
　　　將新章研究清楚，從事組織。

二、廣州市執行委員提出：廣州特別市執行委員會章程
　　草案。
決議：修正通過。

中國國民黨廣州特別市執行委員會章程
第一條　廣州市執行委員會，由全市黨員選舉之執行
　　　　委員九人組織之。
第二條　廣州市執行委員會，直接在中央執行委員會

指揮之下而活動，其職權如左：

甲、代表本市各級黨部對外關係。

乙、組織市內各區黨部並指揮之。

丙、委任本黨市機關報人員。

丁、組織各部及推舉常務委員。

戊、支配本市黨費及財政。

第三條　廣州市市黨部執行委員會之組織如左：

甲、秘書處，

乙、組織部，

丙、宣傳部，

丁、工人部，

戊、實業部，

己、青年部，

庚、婦女部。

第四條　常務委員三人組織秘書處，分掌秘書、會務、財政及庶務等事項：

甲、關於秘書事項，凡文牘、傳達命令、保管冊籍文件、製統計表等事均屬之。

乙、關於會務事項，凡開會、詢問、交際等事項均屬之。

丙、關於財政及庶務事項，凡編造預決算、徵收款項、出納、會計、建設購置及一切雜務均屬之。

第五條　組織部應辦之事項如左：

甲、關於本市各級黨部組織及其指導。

乙、關於本黨黨員之記載及調查。

　　　丙、關於物色有益之人才，並注意左列各種
　　　　　人員：
　　　　　一、組織員，
　　　　　二、宣傳員，
　　　　　三、演講員，
　　　　　四、編輯員，
　　　　　五、負責官吏，
　　　　　六、各級黨部常務委員，
　　　　　七、其他專門人才。
　　　丁、關於考察各級黨部組織上之工作及答
　　　　　辯，關於本黨章程上之疑問。
　　　戊、關於審查及修正各級黨部之預決算表，
　　　　　並報告情形於市黨部執行委員會。
　　　己、執行本委員會關於組織事宜之議決案。
第六條　宣傳部應辦事項如左：
　　　甲、供給宣傳資料於本黨機關各報；
　　　乙、印行本黨一切宣傳文件；
　　　丙、設立黨校及編訂教材；
　　　丁、指揮各宣傳員，使其言論一致；
　　　戊、印發領袖人物相片；
　　　己、審定黨報及與黨有關之印刷品，並負糾
　　　　　正之責。
第七條　工人部應辦事務如左：
　　　甲、考察及搜集工人狀況與工會組織之報
　　　　　告，併護之；
　　　乙、關於廣州市社會立法案之起草及鼓吹；

丙、關於工人之鬥爭及罷工閉廠等事;

丁、關於各工人團體之通訊及聯絡;

戊、關於召集各工會代表會議等事項。

第八條　實業部應辦事項如左:

甲、關於調查各商店、公司、銀行、製造廠
之內情;

乙、關於本市商人團體之聯絡;

丙、關於本黨與商場利害相關之研究與活動
之方法;

丁、關於實業規劃;

戊、關於商團方面之活動。

第九條　青年部應辦事項如左:

甲、關於本市各學校學生入黨事項;

乙、關於學生會之聯絡及提攜;

丙、關於調查各學校對於本黨之傾向;

丁、關於童子軍之組織;

戊、關於學校方面之宣傳。

第十條　婦女部應辦事項如左:

甲、關於世界婦女運動狀況之調查及聯絡;

乙、關於婦女團體之組織;

丙、關於救傷隊看護隊之設立與發展;

丁、關於婦女之宣傳及援助;

戊、關於女工之調查及聯絡。

第十一條　秘書處設幹事若干人,受常務委員之指揮,
助理秘書處理事務。各部設部長一人,幹事
若干人,辦理本部應辦各事項。

第十二條　本委員會凡關於政治、外交、軍事、社會、經濟、教育等重要事項，由秘書處調查，通告各部討論。

第十三條　執行委員會每星期開會一次，遇有特別事項時，得開特別會議。

第十四條　執行委員會開會時，候補委員得列席會議，但只有發言權。

第十五條　執行委員遇故離任或不出席時，由候補執行委員依次補充。

第十六條　本委員會須每月一次，將其活動經過情形報告中央執行委員會。

第十七條　各部細則及會議章程另定之。

第十八條　本章程經中國國民黨中央執行委員會核准施行。

第三十三次會議

十三年六月二日

到會者：鄒　魯　鄧澤如　林　森　于右任　譚平山
　　　　李宗黃　彭素民

主席：鄒　魯
常務委員：彭素民

報告事項

一、宣讀第三十二次會議紀錄。

二、農民部報告佛山屬南浦農團成立狀況。

佛山屬南浦農團成立狀況

農民部報告

（一）農團之成立：佛山鄉民原有保衛團聯合四十七
　　　鄉所組織，皆受地方紳士商長陳恭受之指揮，
　　　而南浦鄉民則以受我黨主義之灌溉，不願入彼
　　　範圍，故獨立為進步之組織。

（二）農團之實力：團內約有團員三百餘人，槍有半
　　　數，由農民吳勤為正團長，李江為副團長，由
　　　小學教員張啟明擔任教練。

（三）農團之成分：團員以蠶桑者居大半，佃農及自
　　　耕農居小半就中，又佃農多於自耕農，槍枝十
　　　分之九為各戶私有，十分之一為團內公置。

（四）農團與保衛團相互關係：該團與保衛團皆有聯
　　　絡，故是日開幕有鄰近鎮海、四約、仁和各鄉，

及順德、石硝、石閣、水邊等鄉團皆到會，工會及商團亦有到者，據該團云，除團長陳恭受外，以下無論何鄉鄉民皆如兄弟守望相助。

（五）成立之情形：該團於前月廿九日開幕迎請本黨職員前往指導，是日素民及廖委員仲愷、馮秘書菊坡、楊秘書匏安、施幹事卜及法郎客顧問均往，由本黨授以農團旗，並由素民為之揭幕，是團實完全在黨指揮之下。

三、青年部報告平民學校情形。

青年部報告平民學校情形

本部為謀黨義普及起見，本年初著手辦理平民學校，由高師黨團主席委任黨員謝清等主持其事，本學期在市內成立平民學校十一間，學生一千三百一十八人，教員八十八人，所有學生皆年齡在十四歲以上二十歲以下，取其容易容納主義，一切教科書皆自編，一年畢業，教職員悉服義務，學生書籍、紙筆墨悉由校給，附上職員表一、教員表一、學生表一、教場地址表一，特此報告。

青年部　五月卅一日

高師女黨員於三十日在高師鐘樓開會組織女黨團，團章由青年部擬定，黨員共八人，特此報告。

青年部　五月卅一日

各教場教職員一覽表

職務別＼教場別	第一教場	第二教場	第三教場	第四教場	第五教場
主任	林翠芳	李佩秀	李譽得	何鴻堅	袁德韻
教員	何蘊清 梁潤桐 陳登第 史瑾濟 張兆駟 盧永祥 金寶清 林煥源 譚定章 陳志德 鄧不奴	鍾兆明 羅穗英 黃綺文 鍾琬如 崔展才 葉寶球	李譽廣 吳樹模 梁朝匯 陳海祥 陳濟源 譚建勳	陳雙眉 陳惠芳 薛耀英 羅應鑠 鄧俊民	鄒其昌 陳迭貞 何西堂 孔志深

職務別＼教場別	第六教場	第七教場	第八教場	第九教場	第十教場	第十一教場
主任	陳殿邦	江兆棠	黃農	吳炳華	許賀恩	李銘懿
教員	陳智乾 陳宗基 范桂箋 唐公強 范桂霞 陳聲鏘	楊蘭英 楊瑞初 陳煥 侯潤泰 楊上初 丁任平	李蕙英 任國榮 黃汝霖 楊弘銳 湯淡池 譚摯謙 楊繡書	李福祐 易學賢 傅道潔 盧天祐 黃崇亨 范桂箋 雷德	梁叔文 盧春城 趙晤 吳太傳 鄧石雲	黃佩蘭 郭桂芳 陳慶初 鄒月逢 周江影 何寶鈿

廣州市平民義學部各教場學生比較表　　五月卅一日

教場別	第一教場						第二教場		第三教場			第四教場		第五教場	
班別	第一班	第二班	第三班	第四班	第五班	第六班	甲班	乙班	甲班	乙班	丙班	甲班	乙班	甲班	乙班
各班男生	8	7	10	6	26	21	12	8	39	26	20	41	7	25	4
各班女生	30	29	14	34	14	19	35	45	14	24	26	4	33	20	38
各班男女生總數	38	36	24	40	40	40	47	53	53	50	46	45	40	45	42
全校總數	218						100		149			94		87	

教場別	第六教場		第七教場			第八教場			第九教場			第十教場		第十一教場	
班別	甲班	乙班	甲班	乙班	丙班	甲班	乙班	丙班	甲班	乙班	丙班	甲班	乙班	甲班	乙班
各班男生	17	2	33	9	8	30	4	20	17	9	4	24	2	12	18
各班女生	48	51	15	32	33	25	58	34	19	21	29		46	28	22
各班男女生總數	65	53	48	42	41	54	62	54	36	30	33	24	48	40	40
全校總數	118		131			170			99			72		80	

合計：1,318 人

各教場地址一覽表

第一教場	第二教場	第三教場	第四教場	第五教場
第一區 雅荷塘	第一區 清水壕	第一區 小北直街	第二區 雙門底	第三區 桂香街 文昌廟
嶺嶠女學校	市立第四十一國民學校	市立第二十八國民學校	粵秀書院街 市立師範學校	市立第十五國民學校

第六 教場	第七 教場	第八 教場	第九 教場	第十 教場	第十一 教場
第二區 九曜坊	第三區 官塘街 仁義巷	第三區 四牌樓 起雲里	第五區 仰忠街 天馬巷	第六區 大新街 古廟	第二區 大石街
市立第二十四國民學校	市立第二十七國民學校	女子職業校	女子體育學校	市立第九高小校	省立女子師範

主任幹事　　謝　清
助理幹事　　吳榮楫（暫代主任幹事）
　　　　　　黃　農（代理助理幹事）
書　　記　蔣　銑

討論事項

一、婦女部部長曾醒因病請辭職案。

決議：覆函准其續假休養，不必辭職。

二、規定本黨工人組織政策，及此政策對於政府之關係
　　案。（工人部提出）

決議：通過：辦法由工人部向各機關接洽，不必將條文
　　　抄去。

規定本黨之工人組織政策及此政策對於政府之關係案
（工人部提出）

一、本黨為統一工人組織及增加工人勢力起見，應將此
　　工會組織重新規定之。

二、前此在本黨權力所在地之省署、市政廳、公安局、

　　　各縣署立案之工會，應由工人部審查其組織方法及
　　　改組之。

三、以後在本黨權力所在地之省署、市政廳、公安局、
　　　各縣署呈請立案之工會，應先由工人部審查後方予
　　　立案。

三、漢口執行部（由滬）及上海執行部報告同志楊德甫
　　　等遇害及對於此事辦法電。（附葉委員報告）——
　　　廖委員仲愷附提政府與黨應同有對於此事之宣言。

決議：

　　　（一）贊成開追悼會，但暫不確定會期，先電上
　　　　　　海徵集五人歷史，及有無遺著，如有，一
　　　　　　並徵來。並徵集其遇害情形，如口供及就
　　　　　　義相片之類。

　　　（二）撫卹家屬應急辦法。

　　　（三）可用本黨名義發表對此事之宣言，但政府
　　　　　　應否發表宣言，須徵求總理意。

上海來電

中央執行委員會鑒：

　　　本日電傳漢口同志楊德甫、許白昊、周天元、羅海
澄、黃惠等已在洛陽遇害，劉芬生死未知。同志意：

（1）在廣州開追悼會；

（2）撫卹家屬；

（3）用本黨名義，發表對此事之宣言。

請照辦。

漢口執行部：本日本部已以黨名義發敬告國民之宣言，
並聞。

滬部卅

附葉委員楚傖自上海來電

世電悉。國燾、楊子烈等未釋，程克主交法庭，新民國
禁發行，楊即發行人，漢楊德甫等五人死，洛劉芬在審
訊中。

楚傖東

四、第五區黨部函稱：烏勒吉等已在廣東支部繳十三年
　　年捐，應否再徵收月費案。
決議：須令將所持粵支部收條繳驗，如確已收取本年年
　　　捐，准抵扣。

五、許卓然函陳閩省黨務進行及請接濟留日官費生案。
決議：函覆政府經濟困難，未能接濟。

許卓然函

　　中央執行委員會諸公偉鑒：兩月來疊接貴會議事
錄，知諸公對於黨務積極進行，如日方始不勝銘佩，惟
閩省一隅黨事仍付缺如，其一為時勢所阻，又其一則民
氣渙散，地域所囿，均為最大主因。第情勢雖屬如是，
而卓然則於窮敗之餘屢思別出途，徑冀以微力為黨事
助，故江君來所有計畫進行已稍具眉目，而形勢突變祐
再中止，誠抱憾也。夫凡事而為大規模之舉行，其始非
下一絕鉅之犧牲，斷難收良善之效果，故卓然對於議決

各案為發展黨務計，施以最大之貲財，自問無似確在贊
同之列，只以事有緩急而理尤應權其先後，卓然去歲在
廣州時，得接廣東留日官費生哀求政府救濟之函，雪片
紛飛，不忍卒讀。來閩後閱滬報，又悉該生推舉代表發
出宣言，已由失望而生出怨悱，如此情形所關非細，猶
記五、六年前在滬與同志推論進行黨務，以吸收優秀學
子為急先鋒，其時全國留學已磋議歸附之象，以後黨中
無法容納竟為反對者所收去，人心向背其始雖微，及今
思之猶有餘痛。今則政府既不能加派留學已屬遺憾，而
並前此照例應給之官費生無未能為源源之接濟，輿論所
指，令人失驚，卓然以為培養人才為政府應盡之義務，
即為黨中應事之義務，政府既忙於軍備奠克應命，而吾
黨為採集人才計，為收拾人心計，對於此急者近者應事
發揮精神為一致之援助，收效之速寧待再論，如謂黨務
進行除籌畫議決各案外，能力已屬有限，則揆諸不有君
子，其何能國之義總有未能默爾而息者，則或節省其他
較緩計畫，分移而接濟之，是亦最終補救之一法，且與
黨章所謂發展教育者尤為不合，而同是否有當，希貴會
迅提公決。肅此敬請
公安

　　　　　　　　　　許卓然　上　五月十八日

六、議案應守秘密案。
決議：以後議案須發表者，即當議場聲明，否則均不發
　　　表，本黨週刊上亦不須將會議錄按期發表。

第三十四次會議

十三年六月五日

到會者：鄒　魯　譚平山　戴季陶　柏文蔚　彭素民

主席：鄒　魯
常務委員：彭素民

報告事項

一、宣讀第三十三次會議紀錄。

二、宣傳部長報告：任郎醒石同志為該部秘書兼西報檢
　　閱，原兼任之劉蘆隱同志，現專任該部編纂。

討論事項

一、上海執行部轉來周佩箴等請調居委員正補任上海執
　　行部組織部長案。

決議：請示總理，下期再決。

二、第五區第三區分部陳古廉等報告：該部常務委員尹
　　達明屢次缺席，並經手黨費不明案。

決議：交中央監察委員會審查。

三、宣傳部提議：宣傳學校擬從本月十六日開始，並擬
　　將教授期間縮短為一個月，但一星期要授課五天，
　　以星期日及星期三為休息日。

決議：通過；課程由宣傳部酌定。

四、組織部提出：黃發文報告台山黨務情形，並擬派
　　指導員劉爾崧前往會同召集黨員大會，組織籌備
　　處案。

決議：通過。

黃發文報告台山黨務情形函

　　呈為報請核奪事，本年二月間奉部長面諭，以台山
黨務進行遲滯，飭即詳細調查，並擬具整頓方法報候核
辦。等因；奉此，遵查台山風氣開通最早，人口七十餘
萬，旅外洋者十之二，業農務者十之三，工商學者十之
五。當陳逆炯明未變叛前，該縣屬廣海、沖蔞、白沙、
公益、新昌等處，本黨分區已次第成立，本黨分部設在
台城西普寺，居中策應，黨務發展，其時負責辦理者，
大都歸國華僑，黨員已逾千名矣。自陳逆叛後，新昌分
區逐漸退落，因而解散。復以本黨改組，由中央執員會
通告，凡冠以中國國民黨等字樣與新章不符者，應行取
銷，於是台城分部，暨廣海、沖蔞、白沙、公益等分
區，大受影響，全縣黨務遂亦停頓，此為台山黨務經過
之大概情形也。惟縣屬警署共有二十四處，此外各堡又
均有團保局之設置，除警察署長由縣委充外，其團保局
長職，則由各堡鄉民選出相當之人，呈請縣長加委之。
其陳、黃、李、伍、余、譚等姓家族團體，並各有其自
治局之組織，而在台城設立辦事處者居多，在鄉間設立
分局者甚少。發文愚見，欲圖黨務之整頓，宜先為各方
之聯絡，使感情日深，則進步必速。擬請貴會派員迅赴
台城，即便組織一籌辦處，不獨黨員固宜接洽，共同負
責，分途擔任，其他公私各機關，亦應妥為週旋，按照

新章，恢復原有各分區後，乃從事於各方面之活動，以
收通力合作之良效。然人存政舉，水到渠成，苟得一能
幹者主持其間，鼓吹之，指導之，前途發達，不可限量
也。奉諭前因，所有調查台山黨務情形及擬具整頓辦法
各緣由，應否提出會議取決之處？理合備文報請核奪施
行。謹呈中央執行委員會

組織部部長譚

黃發文（六月五日）

五、組織部提出：清遠縣縣長朱堯廷，請派焦渭溪辦理
　　清遠黨務，並擬派員會同調查設置計畫報告到會，
　　核定並召集黨員大會，組織籌備處案。

決議：通過。

清遠縣長請派員辦理清遠黨務函

逕啟者：竊敝縣國民黨分部開辦甚久，殊鮮成績，而主
其事者不洽輿情，時與地方法團互起齟齬，縣長亦黨員
之一。此次奉委蒞縣目擊情形實為黨務前途憂之，現查
該分部長朱晉經因事他適黨務愈益廢弛，不遴員從新整
頓，力謀進行，將無以副我總理以黨建國之盛心。茲查
有黨員焦渭溪，現年三十八歲，四川安縣人，前清附
生，四川通省警務學堂畢業，於民國元年投入四川省城
國民黨支部充文牘科主持時，四川護軍使胡景伊與本黨
反對屢次密謀暗殺本黨要人，四川都督張培爵，四川第
五師師長重慶鎮守使熊克武，均為該員查覺，報告張、
熊兩公嚴為防範逆謀未成，旋於元年九月奉張督以該員
熱心黨務不無徵，勞委充四川興文縣知事，十月張督奉

調晉京，胡景伊接充四川都督，仇視本黨任意羅織，凡屬黨員先後離省。該員亦於十一月卸職赴渝，蒙熊鎮守使委充第五師講武堂書記官兼國文教官，二年七月熊鎮守使宣佈討袁，該員奉調充討袁軍第三支隊參謀，隨師出發川北，併奉命招撫綿屬同志起兵響應，劇戰月餘，成都幾下因贛、甯、皖先後失利而北軍四省攻川，我軍彈盡援絕，熊公出走，該員與綿屬同志之往來密函被敵軍搜獲，懸賞通緝該員前赴漢鎮，四年帝制發生，偕同志到粵運動倒袁，幸袁逆自斃，共和再造，詎天下不厭亂，張勳復辟，大總統率艦南來重整護法數年以來，該員奔走黨事心力交瘁，十一年元首改道北伐，是時海軍密謀北歸，該員召集同志數十人編組敢死隊，隨同志孫祥夫收服艦隊，孫君奉委海軍陸戰隊司令，該員充軍法官兼秘書，未幾，陳逆叛亂，元首蒙塵，該員往來省城一帶密探敵情，路經天字碼頭被逆軍查獲，幾遭不測，經將情形奔赴黃埔永豐軍艦，面陳元首蒙諭獎慰，此該員對於本黨之經過大略情形也，再查該員辦事勤能於本地，各方面情形尤為熟悉，委辦敝縣黨務不難日起有功，相應函請貴會煩為查照，轉呈總理加給委任，俾資整頓以維黨務至紉公誼，此致
中國國民黨中央執行委員會

清遠縣縣長　陳克廷（五月卅一日）

第三十五次會議

十三年六月九日

到會者：鄒　魯　胡漢民　劉震寰　林　森　鄧澤如

謝　持　張　繼　廖仲愷　彭素民　李宗黃

主席：胡漢民

常務委員：彭素民

報告事項

宣讀第三十四次會議紀錄。

討論事項

一、中國國民黨中央執行委員會宣言。（宣傳部起草）

決議：交宣傳部長修正再決。

二、上海執行部提出：浙江臨時省黨部預算原案。

決議：俟汪委員精衛到粵再行決定。

三、北京執行部請撥款補助學報及報紙案。

決議：前三項，告以經濟狀況甚窘，暫時不能決定，第
　　　四項照辦。

北京執行部來函

五月六日到

逕啟者：

（1）大會議決補助膠澳中學經費，究竟補助若干？

（2）河南黨部擬自辦一河南日報，因經費不足，請每

　　月津貼三百元，由本執行部議決照數津貼。

（3）直省宣傳費，因辦週刊，本部議決於百元外增加
　　　五十元。

（4）直省擬籌辦平民學校，本黨借此與市民發生關
　　　係，但開辦費須七十元，每年費用九十元。

以上四項，除膠澳中學議定津貼數目即行籌撥外，其餘
三項，請轉呈總理決定籌撥。此致中央執行會

四、何香凝同志提出：國民黨立貧民生產醫院章程草案
　　及贈醫規則。

決議：修正通過。

中央執行委員會諸委員鈞鑒：敬啟者，國民黨立貧民生
產醫院業定於本月十八日（即星期三）行開幕禮，茲呈
上章程一份，請察核賜准並希屆時賁臨指導一切為荷，
此上

　　　　　　　　　　　中央執行委員會
　　　　　　　　　　　沈慧蓮　　蘇淑貞
　　　　　　　　　　　何香凝　　洪美英
　　　　　　　　　　　伍智梅　　羅慈博　　同上

國民黨立貧民生產醫院章程

一、宗旨　為使貧苦同胞得養育及治療上之救濟。

二、院址　在廣州市永漢北路二百三十三號財政廳前。
　　　　　又分院一所，在上西關都堂街第四號。

三、經費　由熱心同志捐助。

四、職員　設駐院醫生一人，醫員六人，看護若干人，
　　皆聘請精於醫術者充任。

五、科別　以產科為主，兼治兒科婦。

六、贈施　醫藥費不取分文，但以貧民為限，其細則另
　　定之。

中國國民黨立貧民生產醫院贈醫兒科婦科產科

贈醫規則

（一）本院除星期日外每日下午一時至四時在院開診
　　　（急症不在此例）。

（二）來院診症者先到本院號房掛號，填注姓名後到
　　　候診處坐候傳診（贈醫掛號時間由上午十時至
　　　十二時）。

（三）本院贈醫施藥不取分文，只收回掛號費及藥罉
　　　費二仙（富者不在此例）。

（四）過期到診者藥費從廉酌收。

贈理接生規則

（一）凡有請接生者預先至本院掛號，不收接生費及
　　　掛號，只收回來回橋資（確貧苦者另酌，富者
　　　不在此例）。

（二）產婦動作時須攜掛號單，來院延請醫生到診未及
　　　產期者，無論到診幾次其轎資均由產婦家發給。

（三）出診轎金視途之遠近酌定如下：
　　　老城每工來回　日四毛　夜五毛
　　　新城南關　　　日五毛　夜六毛
　　　東關　　　　　日六毛　夜七毛

西關　日六毛　夜七毛
河南　日七毛　夜八毛（如確貧苦者另酌）
本院醫務職員
駐院醫生李院君　醫員洪美英　醫員伍智梅
醫員沈慧蓮　醫員洪美英　醫員李奉藻
醫員伍伯良　看護伍淡如
本院地址永漢北路二百三十三號　電話總局五六八號
另設分院在上西關都堂街第四號二樓　駐院醫員羅慈博

五、民生週刊聲明第五十五期轉錄「中國紛亂之原因及
　　其救治之方法」一文，係轉錄失檢函。
決議：覆函告以：以後須格外謹慎。
敬啟者：頃據民生週刊函開，查民生週刊第五十五期載
有中國紛亂之原因及其救治之方法一文，係由法政學報
第三卷七期轉載，本社因其主張推倒國際帝國主義及北
方軍閥，並主張國民革命以實現真民治，雖撰稿人因係
發表於非本黨機關報，措辭態度稍有缺憾，而大體實為
本黨宣傳，故特為轉載。惟因付印倉卒，於其辭語失檢
處未及刊正，殊覺歉悚，除以後對於編輯事宜力求審慎
外，特此檢舉請予示遵。再撰稿人聲明原文中有為手民
誤脫之處，已另加更正矣等語，查該刊辦理經年鼓吹本
黨主義，成績昭著，此次該週刊第五五期轉載法政學報
所刊中國紛亂之原因及其救治一文，措辭態度頗有失檢
之處，本部正在糾正。茲據函開各節尚屬實在情形不無
可原，且經該社自行檢舉，足徵辦事尚能認真，除由本
部訓示該社以後編轉文字務須格外審慎，不得再有歧

異論調外，擬請姑予勿究以勵將來，是否有當即請裁
復。再中央執行委員會北京執行部現因多數委員因事
離京，不能開會，用由本部直函大部請求處理，特此
聲明，此致
中央執行委員會中央執行部

中央執行委員會北京執行部宣傳部　謹啟

六、黨員須在黨軍服當兵之義務案。
決議：此案須另草決議案文提出再定。

七、農民部提出：農民運動委員會擬訂之農民協會章程
　　草案。
決議：交農民部長修正再決。

八、李希蓮同志請准東省黨務組織，不必依分部區分部
　　形勢函。
決議：仍要依章組織，但可從下層辦起。

九、林委員祖涵提出：漢口黨務意見函。
決議：函請覃、張、林三委員來粵籌商辦法。
總理最後決定事項：
第三十三次會議所決議之關於工人組織政策案之辦法，
茲決定由工人部本此案辦法，通函各機關照辦。

第三十六次會議

十三年六月十二日

到會者：鄒　魯　林　森　廖仲愷　邵元冲　戴季陶
　　　　譚平山　汪精衛　胡漢民　彭素民

主席：胡漢民
常務委員：彭素民

報告事項

一、宣讀第三十五次會議紀錄。

　　（1）戴委員季陶動議：前決議由本會發表宣言。
　　　　　但現已接到上海執行部發表之宣言，是用「中
　　　　　國國民黨」名義，不是用上海執行部名義，
　　　　　則本會已無再發宣言之必要。汪委員精衛說
　　　　　明上海所發宣言確是用中國國民黨名義，惟
　　　　　當時因時間促迫，未及先行報告中央，故只
　　　　　蓋用上海執行部印發出，預備中央承認此項
　　　　　宣言為本黨全體的，則作全體的；否則，仍
　　　　　作上海執行部的，而由中央另發。

決議：可以承認，不必另發。

　　（2）汪委員精衛動議：浙江臨時省黨部預算案，
　　　　　本委員曾到浙江看過情形，大約有增加之
　　　　　必要。

決議：通過。

二、廣州特別市黨部函報，推定常務委員及各部部長並
　　請頒發印信案。

三、北京執行部秘書處報告：北廷捕攜張國燾諸同志
　　情形。

中國國民黨敬告國民書

　　中國國民黨自開第一次全國代表大會以來，宣言章
程公布於世。察宣言之內容，則中國國民黨之主義及其
最小限度之政綱，可以明瞭。察章程之內容，即中國國
民黨之組織及其進行方法，亦可以明瞭。以中國今日
之現狀，苟無適宜之主義與政綱，何由能收轉危為安之
效？苟無有紀律、有組織之政黨，以期主義與政綱之貫
徹，則亦何由實行？凡我國民苟讀本黨之宣言與章程，
必能信為救國之唯一方法。乃旬日以來，漢口既發生黨
獄，藉口宣傳過激主義，捕去劉芬、楊德甫、許白昊等
數人，北京亦有捕拿張國燾等數人之事。本黨宣言及章
程，性質公開，與所謂過激主義，絕非同物，人所共
見，無從厚誣。本黨黨員，為主義而活動，亦絕無軌外
之行為，可以供人羅織。軍閥之出此，無非本其盜憎主
人之意，知國民苟為國事而奮起，則彼之違法亂紀，必
將無所逃罪，故敢悍然對於國民之前驅，而加以妨害，
且不恤加以誣衊，以期阻止國民之進行。本黨黨員入黨
之始，已決以此身為主義犧牲，夫何淫威之足恤！惟我
國民當知軍閥此舉，非僅向中國國民黨而挑戰，乃向中
國國民而挑戰，蓋軍閥今日心目中之大敵，實為國民，
本黨黨員特為國民之前驅而已。本黨黨員以國民之前驅

自任，前仆後繼，猛進不已，適足以發揚國民之勇氣與
固結國民之決心。中國今日受軍閥之蹂躪，固無一片乾
淨土，而本黨與國民相依為命，國民之痛苦，適足以激
發本黨黨員之忘身奮鬥。在中國以內，無地不為主義與
政綱之宣傳，即亦無時無地不與軍閥為敵，經一次之挫
折，得一次之進步，必達於成功而後已，凡我國民，實
式憑之。

上海執行部提出浙江臨時省黨部預算原案

中央執行委員會上海執行部：

　　浙江黨部每月預算，前經沈同志定一在廣州代表大
會時提出，旋得中央非正式通告之預算決議，相差太
遠，不敷分配，前已由浙黨部籌備員提出抗議在案。本
月十九日省執行委員會因感省部與上海執行部處於同一
困難的經濟狀況，決議下列預算案，請上海執行部即轉
中央，中央應念浙黨有兩種困難之理由：

（一）浙江已成全省公開之局勢，若不乘時發展，猶
　　　不若不籌備不組織之為愈，雖發展不必全恃經
　　　費，而經費實為發展黨務之重要條件。

（二）省黨部既不能吸收基本組織之區分部之黨費，又
　　　不能無以應縣黨部之補助請求；本身處省行政中
　　　心地，任何機關，本黨均不宜對之作經費援助之
　　　請求，即使有意補助，本黨為避免傾袒起見，勢
　　　亦不宜接收。為此，除向中央請求外，在浙江舉
　　　足輕重之形勢中，其他收入，均不相宜。

特根據上列理由，懇請中央予以核准，迅予撥發，維中

央執行委員會裁可。

臨時浙江省執行委員會

臨時浙江省黨部預算案

每月總支出經常費一千一百九十九元

甲、省黨部本部費用——二百三十九元，計開：

（一）房租三十二元。

（二）電燈十四元。

（三）電話六元。

（四）傭役（三人）工資十二元，工役三人分司廚
　　　役、看守、掃除、遞送、差遣等事，每月每
　　　人工資四元合計如上數。

（五）秘書（二人）工資六十元，秘書二人分任起
　　　草、記錄、保管、收發、會計、庶務等，每
　　　月工資三十元，合計如上數。

（六）書記工資十五元，專任謄錄印刷等事一人，
　　　每月工資如上數。

（七）伙食八十元，省黨部住部人員九人，合杭
　　　縣縣黨部為經費支絀之故，暫附省黨部住
　　　部人員一人，又其他黨部人員為接洽黨務
　　　常川往來者，平均約計四人，每人每月伙
　　　食平均約計五元七角，十四人合計如上數。

（八）辦公費二十元，紙張、筆墨、郵費等類，
　　　月計如上數。

乙、黨務費用——五百五十元，計開：

（九）印刷費五十元，通告表冊分布於全省各黨部之印刷品，月計如上數。

（十）川旅費五十元，派員視察本省各地進行狀況，以及參加下級各黨部之成立時之講演，與指導每月約三次，每次平均往來川旅費約十七元，合計如上數。

（十一）活動費五十元，參加或發起社會運動以及幫助青年種種組織與運動之費用，每月約計如上數。

（十二）縣黨部補助費四百元（現在認為比較重要亟宜籌備之縣市黨部十七處，擬先籌備成立十處，每處每月平均補助四十元，合計如上數）。

丙、黨報費用——四百一十元，計開：

（十三）周刊編輯員工資四十元，一人月支如上數。

（十四）周刊紙張印刷費六十元（每期五千份），合計如上數。

（十五）周刊發行費二十元，周刊發行工作由省黨部人員兼任不支薪，封面郵費、紙張、筆墨等月計如上數。

（十六）日刊黨報三百元，日報兩份，每日各出兩大張二千份，每月除營業收入外約須損失如上數（詳見臨時門說明）。

臨時支出：總收入銀二千九百三十四元。

四、此報招股五千份，共銀五千元，此款由工會開會向
　　各工人直接徵收，限一月內收足，一方面設法借入
　　貳千元，先行開辦隨辦隨收。

廣州市黨部來函

中央執行委員會公鑒：

　　本會於六月三日開第一次會議，業經推定黃季陸、
方瑞麟、陳其瑗為常務委員，孫科為組織部部長，吳鐵
城為宣傳部部長，馬超俊為工人部部長，陳興漢為實業
部部長，陳其瑗為青年部部長，伍智梅為婦女部部長，
一俟會所設備完善，即開始辦公，相應函請察照備案，
所需印章，並請從速刊製發給，以便啟用，無任企盼。
專此，藉侯
公安

　　　　　　中國國民黨廣州特別市黨部執行委員會啟
　　　　　　　　　　　　　　　　　　十三年六月

討論事項

一、組織部提出：設置大本營區黨部案。

決議：通過。

設置大本營區黨部案（組織部提出）

　　大本營職員隸籍本黨同志，凡百餘人，衛士隊二百
餘人，僱傭數十人，除衛士隊經成立區分部（第十一區
第四區分部）外，其餘悉加入第十一區第一區分部，因
道路遠隔及職務上關係，往往不能出席會議，應有別
行組織區分部之必要。惟納合數百黨員於一個區分部之

內，頗嫌人數太多，若分別設立若干區分部，仍隸屬於第十一區黨部之下，恐指揮不盡靈便，故擬在大本營內組織第十四區黨部，將原有衛士隊區分部，改歸管轄，另職員僱傭，各設區分部一個，俾成系統，而便聯絡，是否有當，請公決。

二、農民部提出：農民協會章程修正案。
決議：修正通過。並由農民部加擬總則一章。

三、廖委員仲愷提出：現奉任命為廣東省長，而黨務復
　　關重要，礙難雙方兼顧案。
決議：
　　（1）省長必須就職，黨務亦仍可兼辦，但常務委
　　　　員任務准辭去。
　　（2）以邵委員元冲補充常務委員。

第三十七次會議

十三年六月十六日

到會者：胡漢民　汪精衛　戴季陶　譚平山　林　森
　　　　謝　持　廖仲愷　鄧澤如　張　繼　彭素民

主席：胡漢民
常務委員：彭素民

報告事項

一、宣讀第三十六次會議紀錄。

二、中央執行委員會合作社委員會報告。

討論事項

一、農民部提出：農民協會章程總則草案。

決議：通過。——將總則列為本章程第一章，其條文列
　　　為第一、第二兩條，原案章條次第順序推下。

二、農民部提出：將農民協會章程建議於大元帥，並建
　　議文草案。

決議：通過。

建議大元帥批行農民協會章程公文

　　為建議事，本會以為欲實現本黨對內政策，所列舉
之農民政策，一方固應由政府以政治的設施，為貧苦之
農民實行解放，一方尤賴貧苦之農民能建立有組織有系
統之團體，以自身之力量，而擁護其自身之利益，爰為

擬訂農民協會章程，建議於政府批准施行。期使全國農民，得悉在一個主義、一個組織之下而奮鬥，則本黨農民政策之實施，可以於此築基礎矣。此呈大元帥

中華民國黨中央執行委員會

三、汪委員精衛報告：上海執行部情形，及提議添設實業聯絡兩部案。

決議：

（1）上海執行部委員缺額，調居委員正或覃委員振往補，俟總理決定。

（2）滬部急待匯款，當照辦。

（3）加設實業、聯絡兩部照辦。

（4）以胡委員漢民任中央黨部聯絡部長。

（5）實業、聯絡兩部組織規則，均由組織部起草。

汪委員精衛報告上海執行部情形及提議添設實業連絡兩部案

（一）報告

上海執行部情形

（二）提議

一、中央執行委員會及各執行部宜添設實業部

理由如左：

（甲）商人在國民中占一部分，因受軍閥之壓迫，其生命、自由、財產無所保障，因之商業無由發達，又因受外國帝國主義之壓迫，致本國商業不惟不能在世界上與各國競爭，且不能在國內

　　　　與各國競爭，故商人在國民資格上及商人資格
　　　　上，皆有參加國民革命之必要，同時本黨應為
　　　　全國商民設立專部，指示輔助其對於國民革命
　　　　之進行方法，及為之想出種種關於商業治本的
　　　　及治標的進行方法。

（乙）本黨之民生主義注眼於大多數農民、工人之利
　　　　益，同時於商人之利益本無妨礙，但因本黨只
　　　　有農民、工人部而無商人部，致使商人社會對
　　　　於本黨發生誤會，故本黨宜設立專部指導商人
　　　　以民生主義必由之路程，同時使根據於民生主
　　　　義以為活動。

二、中央執行委員會宜添設聯絡部，各執行部因於必要
　　得酌設之理由如左：

　　　　與各國暨各民族之受壓迫者聯絡戰線努力革命，是
　　今日凡革命黨之要圖，世界革命亦非此不能成功，即中
　　國革命亦非此不能進行，故本黨宜特立專部與各國主
　　義接近之革命黨部聯絡，進行企圖中國革命之進步日
　　益活潑。

四、覃委員振提出辭職案。
決議：仍函請來粵。

五、上海執行部請增加預算案。
決議：通過。

上海執行部請求增加預算案（據上海執行部報告第一號錄出）

（甲）區黨部開辦費及經常費

黨員月捐至多只能為區分部辦公費用，而區黨部在各級黨部之中，實在極為重要，不為籌措經費設立機關，使有一人不為生活所累，得用全力主持其事，則開會既無集合之所，同志亦缺連繫之情，維持現狀已難，欲求黨務日趨發達，同志能夠行動，則事所不能，故供給區黨部以相當經費，實有十分必要。現經議定上海方面，每個區黨部開辦費（佃屋小租、器具設備等）為一百元，常月費（房租、辦公費、常務委員及雇工生活費）為七十元。雖各區情形略有參差，然大體可以此為標準。上海方面四月份已支出第一區、第二區、第六區三個區黨部開辦費二百九十二元，經常費二百一十元，共計五百零二元，此款須請中央追認補付。下月內第三區、第四區、第五區三個區黨部開辦，須支開辦費三百元，常月費連第一至第六，六個區黨部計算，共洋四百二十元。開辦經常二項合計七百二十元。以上就上海言。上海以外各省，如浙江之杭州、寧波、紹興、嘉興，江蘇之松江、蘇州、南京、徐州（松江黨部在三、四兩月內均各支洋三十元，此數在江蘇經費項下開支），安徽之蕪湖、安慶，江西之九江、南昌，均屬人口集中之處，有各種群眾運動可做，區黨部及市縣黨部，一經組織，即應支給經費，應請中央准予隨時增加相當數目之預算，此等數目自然以實用不浪費為標準。（如區黨部有可附設之地即不另立機關）

（乙）平民教育運動經費

平民教育實為上海及江西、安徽等外力軍閥壓迫特甚地方，唯一著手的方法，其經費自然以向社會籌措為原則，但在特別情形之下，一時不能向社會籌費而工作又不容停頓者，不能不由黨內籌給開辦費及相當期內的常月費（如上海市內在吳淞、楊樹浦、高昌廟等工人群眾中設立平民學校，完全獨立無所依靠者），或補助開辦費常月費之一部份（如上海市內閘北、南市等區黨部設立平民學校，可就區黨部房屋為校址者）。現經議定特別情形之平民學校開辦費（佃屋小租、置椅桌及其他設備）為一百元，經常費（房租、燈油、書報、教員及雇工薪水等）為七十元，以此為標準，有減無增。上海方面四月份內開辦楊樹浦、吳淞兩平民學校，已支開辦費一百廿元、常月費一百零六元，共計二百二十六元（楊樹浦支開辦費一百元，常月費七十元，吳淞因就該地原有平民學校基礎，故只支開辦費廿元，常月費三十六元。）須請中央追認補付。現決定五月份內平民教育進行，加辦兩校，須開辦費及常月費共三百四十元；補助四校，須開辦費及常月費共三百四十（開辦費每校補助五十元，常月費每校補助三十五元），合計六百八十元，此數連四月份內開辦之吳淞、楊樹浦二校經常費（百零六元）合計。五月份平民教育經費（開辦及經常），共應支七百八十六元，請核准匯滬。

（丙）學生總會及上海晚報經費

學生聯合總會係本黨同志主持，為號召全國學生群眾的機關，為使全國青年集合於本黨旗幟之下，向革命

目的進行，免被他種非革命黨派利用起見，本黨實有維持其費用之必要。預算每月常費（房租、郵電、週報、辦事人及雇工生活費）三百元，每年開全國學生代表大會一次特別費二千元。以前常費及去年全國學生代表大會費用係鄒海濱同志經手，上海本部亦每月補助一百元；上海執行部四月份內，亦經付去一百元，此數須請中央追認補給。學生總會為全國的組織，性質上宜受中央直接支配，為指揮便利起見，可由中央付託上海執行部就近指揮，但經費應由中央另案計劃，不與上海執行部預算相混。現學生全國大會不久召集，須準備特別費，每月常費亦宜支付，究竟上項預算是否適宜，即祈覆核。又上海晚報向在上海本部每月領取一百元津貼，四月份上海執行部亦經付去一百元，須請中央追認補給，此後應否繼續津貼？並請核示。

（丁）調查部經費

上海執行部調查部因進行調查工作，除剪裁報紙搜集各項消息外，應有一種與各社會各黨派接近之機會。現決定設一通信社，每月藉採訪新聞之名義，做實際之工作，如此，調查的工作方有著手處。現定社名為「南方」，設主任一人，社員二人，均由調查部職員兼充。每日發稿一次，每次印五十本，每本連封面六頁。經費預算每月七十六元（紙張二十三元，郵費裝訂費十五元，訪事車費二十元，繕寫及發行費十八元）。請求核准，以便開辦。

（戊）宣傳委員會經費及其他

（1）因感於各級黨部之散漫，同志之不明黨義，

不明組織方法，決定由宣傳部慎選適當同志廿人組織宣傳委員會，訓練宣傳方法，隨時派赴各下級黨部切實宣傳。委員不給薪水，惟每人月給車費五元，廿人合計須洋一百元，此數請中央核准，從五月份起按月匯滬。

（2）前本部在上海辦有閱書報社二處，每月共支洋一百零七元，四月份已經支出，請求追認補給。五月以後請列入預算。

（3）此外如勞動運動、青年運動、婦女運動、合作運動等各項工作，以後將逐漸增多，應乎此種工作，自須有相當之費用，否則但有黨部，不能行動，亦復何益？在目下上海方面各種工作尚少，不須另添費用，惟將來工作多時，中央必須准予酌添經費，此項經費，自應以迫切需要者為限。

以上各項事關經費，請中央從速核准示覆，計四月份已支經費請求追認者：區黨部五百零二元，平民教育二百二十六元，學生總會一百元，上海晚報一百元，閱書報社一百零七元，共計一千零三十五元。五月份新增預算：區黨部七百二十元，平民教育六百八十元，調查部通信社七十七元，宣傳委員會一百元，閱書報社一百零七元，共計一千六百七十四。四、五兩月共增加經費為二千七百零九元。

六、上海執行部提出：江蘇臨時省黨部請求變更預算案。

決議：通過。

上海執行部提出江蘇臨時省黨部變更預算案

中央執行委員會：

頃接江蘇臨時省執行委員會來函，內稱：上海執行部諸位同志先生大鑒：敬啟者，前收到貴執行部撥發本省黨部開辦費及五月份經常費等，當即掣具收據，諒早鑒及。惟江蘇所處地位尤較浙江為困難，每月三百元之經常費，無論如何難以分配，本執行委員會為此一再籌議，將各項費用盡量撙節，則六份經費最低限度非六百十七元不可。用特抄呈預算案，懇請核准，即行照案發款，以利進行，否則於本省黨務前途恐多阻滯，而難期成效也。

預算案列下（以每月計算）

1. 房租三十元。
2. 電燈十元。
3. 傭工十二元（二人工資）。
4. 幹事六十元（二人薪水）。
5. 書記十五元（一人薪水）。
6. 黨部伙食五十元，常務委員及幹事、書記、傭工共八人。
7. 執行委員開會車資膳宿等共二百元，每月開會兩次（本省黨部執行委員會皆散處四方，開會時車資、膳宿所費甚鉅，若無相當津貼，各委員勢難出席，故此數已屬不可減之最小限度）。
8. 辦公費五十元。
9. 雜費六十元，郵電、紙墨、印刷等等。
10. 特別費三十元（臨時活動）。

11. 補助縣黨部貳百五十元，六月分只支一百元（本條
暫定選擇本省中於黨務方面最有希望者五縣，先促
其成立縣黨部，每月每縣補助銀五十元，惟六月份
只支松江縣、青浦縣各五十元，嗣後每添一縣照列
增加）。

以上共計六月份共須支取銀六百十七元正，常務委員劉
雲昭、沈進、朱季恂等謂事關變更預算，上海執行部未
便決定，特錄函轉達，即祈核奪見覆為荷！此祝努力。

上海執行部

六月九日

七、戴委員季陶提出：三民主義革命歌稿。

決議：俟請音樂家製譜後再決。

三民主義革命軍歌

一　國民元氣智勇仁，殺身成仁誰則能，
　　民族民權與民生，三民主義革命軍。

二　黃花崗上草青青，赤血洗淨中華魂，
　　民族民權與民生，三民主義革命軍。

三　赤血洗淨中華魂，白日照耀青天明，
　　民族民權與民生，三民主義革命軍。

四　白日照耀青天明，中華民國勃然興，
　　民族民權與民生，三民主義革命軍。

五　中華民國勃然興，民權分配遍全民，
　　民族民權與民生，三民主義革命軍。

六　民權分配遍全民，被壓民族大同盟，
　　民族民權與民生，三民主義革命軍。

七　被壓民族大同盟，協作共享樂太平，
　　民族民權與民生，三民主義革命軍。
八　協作共享樂太平，天下為公大道行，
　　民族民權與民生，三民主義革命軍。
九　前進前進更前進，誓為主義作犧牲，
　　民族民權與民生，三民主義革命軍。

三民主義革命軍歌詞底

國民元氣智勇仁，殺身成仁誰則能，
黃花崗上草青青，赤血洗淨中華魂。
白日照耀青天明，中華民國勃然興，
民權分配遍全民，被壓民族大同盟。
協作共享樂太平，天下為公大道行，
前進前進更前進，誓為主義作犧牲。
民族民權與民生，三民主義革命軍。

八、廣寧農會周其鑑等控告劣紳黃鄂棠等率眾搗毀農會
　　捕擄會員案。
決議：函請省署從嚴究辦。

第三十八次會議

十三年六月十九日

到會者：鄒　魯　張　繼　汪精衛　林　森　鄧澤如
　　　　廖仲愷　謝　持　邵元冲　柏文蔚　彭素民

主席：林　森
常務委員：彭素民

報告事項

一、宣讀第三十七次會議紀錄。

二、海外部提出：東京第二分部費哲民報告籌備經過情
　　形及推定職員請備案函。

東京第二分部籌備經過報告

敬啟者：本分部所轄籌備各通訊處，爰於六月一日召集
黨員大會，是日組織通訊處七所，第二分部亦於同時改
組正式成立，茲將大會經過情形摘要報告如下：

　　是日午後一時開會，公推陳季博君主席，徐之圭書
記，其開會秩序如次：

（1）費哲民報經過情形。

（2）葛曉東報告第一分部接洽合作運動經過詳情。

（3）歡迎新同志，由陳季博向全體黨員一一介紹。

（4）宋垣忠指導組織通訊處，通訊處之名列如左：

通訊處名別	人數	執行委員		
第一（西巢鴨）	五	劉奮樵	李　璞	饒　蘭
第二（池袋）	八	張肇蒼	楊季仙	鄭里鎮
第三（高田町）	十二	蕭國楨	黃斗南	羅昱華
第四（原町）	十	陳　哲	黃克謙	祁雲龍
第五（林町）	八	劉亞東	歐陽雲	黃戀官
第六（本鄉）	七	劉立政	聶向恩	張居義
第七（三田）	六	賈向辰	楊稼原	李雲翹

　　各通訊處既組織成立，復依據章程由陳季博指導組織分部，投票結果費哲民、陳季博、宋垣忠、葛曉東、陳日新五人當選為分部執行委員，惟宋、葛二君因其他特別原因，向當眾辭去委員，決以次多數徐之圭、劉憶九二君遞補，又復選劉漢三、鄭永炎、路錫祉三君為分部候補委員，各委員於是日開第一次執行委員會，其任務互推定如左：

徐之圭（宣傳）　陳日新（組織）　費哲民（秘書）
陳季博（勞工）　劉憶九（婦女）

　　勞工、婦女二部此乃斟酌海外華僑特殊情形，由宋垣忠提出，經大會通過設置也，令第二分部業經改組就緒，理合具函呈報中央，尚希備案實為公便，此上中央執行委員會海外部部長林
　　　　　　　　東京第二分部委員會秘書費哲民
　　　　　　　　十三、六、三

討論事項

一、對於農民運動之宣言草案。（農民部擬撰提出）

決議：修正通過；將通過案備函總理，請以大元帥名義
　　　發布。

中國國民黨對於農民運動之宣言

　　　　　　十三年六月十九日一屆卅八次中執會通過

　　本政府為代表全國國民之利益，貫徹三民主義，實
行國民革命。故在革命期間，本政府有督促全國國民，
加入國民革命運動之使命。而其特別之任務，尤在於督
促占全國國民大多數之農民，使之加入國民革命運動。

　　中國自開國以來，以農業經濟為立國之基礎。自帝
國主義侵略以來，農業經濟之上層建築物，如小商店、
家庭手工業等皆為之破壞殆盡，而代以外國之大工廠、
大商店，輸進外國貨物於全國各商埠市場，而吸收中
國之現金。同時又以關稅政策阻礙中國國內出產品之輸
出，使中國產業界陷於萎靡不振之狀態，而對於居中國
出產品最大宗之農產品，更日見零落衰微。故農產品之
價格，平均幾不能保持原狀，一切物價突飛增漲，農民
以有限之收入，應生活程度無限之增高，結果收入不敷
支出，使自耕農、佃農，相繼淪落而為兵匪流氓，貧困
日甚，騷擾日多，中國國家根本遂以動搖。而帝國主義
者，欲達其以經濟滅亡中國之目的，復籠絡北洋軍閥，
以延長中國之戰禍，北洋軍閥更藉此勾結帝國主義，企
圖以武力統一中國，而完成其萬世家業之野心。十數年
來，兵災遍於全國，一切軍費負擔，無非直接間接取之
於農民，於是農民益陷於水深火熱，而鄉紳之把持鄉

政，為富不仁者之重利盤剝，貪官汙吏之橫征暴斂，盜賊土匪之焚殺擄掠，無時不聞，禍國殃民，一至於此！

　　本政府根據農民目前所受之痛苦，認為應督促一般農民之自覺，引導其團結於國民革命旗幟之下，為全國國民一大聯合之奮鬥。茲對農民運動，有應為規定者如左：

一、農民欲達到解除上述種種之壓迫，應即時組織農民協會，此種農民協會之性質，為不受任何拘束完全獨立之團體。

二、農民協會在目前戰爭過渡期間之重要工作，為防禦土匪兵災起見，特許其在一定計劃之下，組織農民自衛軍，其辦法如下：

（1）得按照軍隊紀律及義務軍辦法組織之。

（2）非農民協會會員不得加入為農民自衛軍。

（3）農民自衛軍得解除村中非會員之武裝。

（4）農民自衛軍當受政府之絕對的監督；但政府不得以農民自衛軍充作別種攻擊，或非本村直接防禦行動之用。

三、農民協會與其各級中之各部，均有警告、控告，以及代理地稅之徵收及解決地稅問題之權，但無直接行政之權。在控告時，鄉農民協會及區農民協會得控告於區官署，縣農民協會得控告於縣官署，省農民協會得控告於省長，全國農民協會得控告於大元帥。他如向軍事長官控告，亦得按此程序行之。至於各農民協會（鄉、區、縣、省）與各該地之官廳有問題不能解決時，該農民協會應請求其較高一級

之農民協會與其所在地方官廳解決之。

四、各級農民協會及農民自衛軍有使用農旗之特許權，
農旗之制式為於青天白日滿地紅之國旗紅幅上加繪
一犁，旗之正幅上另備一黃幡，上書中華民國某省
某縣某區某鄉農民協會字樣。

五、各鄉中之農民協會為基本組織，每一鄉農民協會
須有十六歲以上之會員二十人以上方能成立。但人民
入會之時，有左列條款之一者，皆得拒絕其為會員：

（1）有田地百畝以上者；

（2）以重利盤剝農民者；

（3）為宗教宣教師者，如神甫、牧師、僧道、尼
巫等類；

（4）受帝國主義操縱者；

（5）吸食鴉片及嗜賭者。

六、各級農民協會之組織，對於契約承受財產等，均得
享有法律保護權。

七、農民協會對於橫暴官吏，有請求罷免之特權，但此
等請求，如反抗行政官、司法官、或軍官個人等，
必須經過會員全體大會四分之三通過，地方或中央
審查委員會審查後，始能執行。審查委員會之主席
為檢察官，委員為農民協會代表二人，工會、教育
會、商會、國民黨代表各一人。此審查委員會之判
決，應由政府機關執行之。

八、農民協會得派代表至各地方或中央政府各機關之農
務會議，討論各種農業問題，如整理水利、救濟災
荒、信託貸款及農民教育等。

九、農民協會之章程，根據三民主義規定之。

以上所舉，均為中國農民目前應努力之點，亦為農民運動所應注意之點，本政府唯有根據主義，作切實之輔助，及誠懇之指導，使我全國農民從痛苦壓迫之中，達於自治自立之地位，以完成三民主義之工作。特此宣言。

二、覃委員振等函：請津貼湖南明德學校案。

決議：候覃委員等來粵時，漢口執行部組織案併提再議。

三、柏委員文蔚提議：安葬夏次岩烈士案。

決議：由本會函請政府照上將陣亡議卹。

第三十九次會議

十三年六月三十日

到會者：鄒　魯　林　森　胡漢民　邵元冲　汪精衛
　　　　譚平山　廖仲愷　柏文蔚　楊友棠

主席：林　森
常務委員：邵元冲

報告事項

一、宣讀第三十八次會議紀錄。
二、彭常務委員因病請假，所有本星期一（即本晚）會
　　議紀錄暫請邵委員擔任。
三、總理批准農民協會章程。

討論事項

一、總理發下：戴委員季陶請與汪委員精衛對調案。
決議：請戴委員暫駐滬擔任汪委員職務，請汪委員擔任
　　　中央執行委員會實業部部長，譚委員平山兼常
　　　務委員，劉同志蘆隱暫代宣傳部長。

總理鈞鑒：傳賢不才，謬承同志諸公委以中央黨務，曾
經再四聲明才能不逮，人地不宜，迄未得諸同志之諒
解，惟有懇請總理俯允，交中央執行委員會免除秘書及
宣傳部長職務，且現在胡漢民同志、汪兆銘同志均已回
粵，胡同志雖不能兼顧多事，而汪同志本為滬部秘書兼

宣傳部長，在粵執行中央黨部職務事屬當然，並請中央
執行委員議決即調汪同志留粵任秘書兼宣傳部長，對內
對外皆屬圓滿。至現在宣傳部中事務擬請委劉同志蘆隱
暫代，迫切陳詞誠惶誠恐，伏祈垂察。至擅離職守之
責，固應受處分者，然自信以後若中央執行部委以才能
所及，人地所宜之較小職務當能勝任，以盡黨員之責而
補違紀之過失也。

戴傳賢謹呈　六月廿日
著中央執行委員會酌量辦理
文

二、總理發下：大本營秘書朱和中建議——反對德發債
　　票為北廷明分事。

決議：組織特種委員會，派廖委員仲愷、汪委員精衛、
　　　譚委員平山、伍外交部長、朱和中祕書等五
　　　人，組織特種委員會，討論對付方法，於本星
　　　期四會議報告。

三、謝監察委員持來函：請討論上次監察委員會提出議
　　案付討論事。

因此次無監察委員到會，留待下次討論。

四、海外部提出：孫明請求昭雪事。

決議：係黨員私人問題，未便照辦。

五、陸軍軍官學校特別區黨部組織通則。（由廖委員

報告）

決議：照原案通過。

六、覃委員振函告：派雷大同同志來粵報告漢口黨務案。

決議：請雷大同同志及林委員祖涵下次出席會議討論
　　　辦法。

七、總理發下：朱乃斌等請撤懲辦理對俄外交執行委
　　　員電，又方瑞麟等函以俄與北廷協約，有礙於我政
　　　府，請對俄提出抗議案。

決議：黨員不經黨部許可，擅發對外言論及登報，認為
　　　有違紀律，推廖、汪、譚委員起草警告。

八、上海執行部提出：關於
　　　（1）規定黃花崗陽曆紀念日，
　　　（2）解釋國旗黨旗，
　　　（3）制作黨歌案。

決議：
　　　（1）以陽曆三月二十九日作為黃花崗紀念日；
　　　（2）以青天白日旗為黨旗及軍旗，以青天白日滿
　　　　　　地紅旗為國旗；
　　　（3）已由中央執行委員會懸賞徵求黨歌。

九、農民部提出：農民運動第一步實施方案及農民運動
　　　講習所之組織案。

決議：通過。

農民運動第一步實施方案

　　　　　　　　十三年六月卅日一屆卅九次中執會通過

一、擇定與廣州市交通較便，在政治上、軍事上重要之
　　縣地及農民運動有根據者，如廣寧、順德、鶴山、
　　東莞、佛山、香山及本市郊外各鄉村。

二、組織農民運動特派隊，隊員廿人，分向各縣地實際
　　運動。

三、組織農民運動講習所，以一個月為講習期間，講習
　　完畢後，選充為農民運動特派隊員。

四、農民運動講習所之組織章程另定。

五、預定本年九月為成立全省農民協會之期間。

六、編定農民歌。

七、製定農會旗樣式。

農民運動講習所組織簡章

　　　　　　　　十三年六月卅日一屆卅九次中執會通過

一、名稱　農民運動講習所

二、宗旨　為養成農民運動之指導人材，以實現本黨農
　　民政策。

三、所員　凡國民黨黨員志願從事農民運動者，皆得為
　　所員，但必須具有左列之資格：

　　1. 身體強壯能忍苦耐勞者；

　　2. 無家庭生活重大之牽累者；

　　3. 不事奢華而態度誠懇者。

四、時間　由農民部另行配定。

五、時期　一個月。

六、科目

　（甲）演講：

　　　1. 農民運動之理論，

　　　2. 中國國民黨關於農民運動之政綱，

　　　3. 廣東農業情形與改良之方法，

　　　4. 廣東農民狀況，

　　　5. 農民協會之組織法，

　　　6. 廣東農民運動史，

　　　7. 合作運動與農民關係，

　　　8. 各國農民運動之情形，

　　　9. 農民工人與國民黨之關係，

　　　10. 農民自衛軍。

　（乙）演說實習。

　（丙）近郊農民運動實習。

　（丁）體育訓練：

　　　1. 長距離步行，

　　　2. 騎馬術。

七、考試　研究期滿，舉行考試，以驗所員心得。

八、管理　本所各種事務，概由農民部管理，其組織及課程，則與組織部宣傳部分別商定之。

十、廣州市黨部請由本會經費每月撥給五千元以為市黨部經費案。

決議：本會每月入款皆已指定用途，未便照撥，惟請將預算送來再行核辦。

廣州市黨部經費

逕啟者：本黨部組織成立已於本月十六日開始辦事，經函告貴會在案，惟開辦伊始經費無著，擬請於市政廳每月擔付費貴會經費一萬五千元之內，撥付本部經費常費五千元，以資費用，伏乞貴會俯准致函市政廳照撥為荷。此致中央執行委員會

　　　　　廣州特別市執行委員會　十三、六、二四

第四十次會議

十三年七月三日

到會者：胡漢民　鄒　魯　汪精衛　張　繼　林祖涵
　　　　邵元冲　楊友棠　林　森　柏文蔚　廖仲愷
　　　　譚平山

主席：胡漢民
常務委員：譚平山

報告事項

一、宣讀第三十九次會議紀錄。

二、墨西哥支部長報告：加蘭姐埠無市民暴動事。

三、廣州市黨部函覆：接收廣州民國日報為黨報事正在
　　磋商案。

四、青年部報告：高師黨團半年經過情形案。

五、郝兆先同志報告：東京黨務進行案。（由郝同志向
　　海外部磋商進行）

討論事項

一、謝監察委員持：請將前次監察委員會提案詳細討
　　論案。

決議：

　　一、須有表示態度宣言。

　　二、開中央執行委員會全體會議。

　　三、呈請總理決定。

並加說明如下：

以大會發表之政綱宣言為準。凡入黨者，如具
有革命決心及信仰三民主義之誠意者，不問其
從前屬於何派，均照黨員待遇，有違背大會宣
言及政綱者，均得以黨之紀律繩之。黨中同志
不必懷疑，仍須依前奮鬥。同時並請總理召集
中央執行委員會全體委員會議，討論辦法。

推定汪委員精衛、邵委員元冲，擔任起草宣言。

二、特種委員會委員汪精衛、廖仲愷、譚平山、伍朝
　　樞、朱和中等提出「對德發債票案宣言」。

決議：照原案通過。

中國國民黨對德發債票案宣言

　　此年以來，北洋軍閥盤據北京，盜竊政府名義，以
遂其賣國殃民之欲。本黨為保護國家及人民利益計，一
面宣言所有偽北京政府之行為，概不承認；一面對於偽
北京政府聲罪致討，務使城狐社鼠，無所憑藉。耿耿此
志，凡我國民，當所共喻。最近所傳德發債票案，據本
黨調查觀察之結果，仍不外偽北京政府賣國殃民之一種
行為。用抉真相，以告國人，惟垂察焉。我國在歐洲戰
爭及對德宣戰期內，所受各種損失，應由德國賠償者，
據冊報總數為一萬二千二百餘萬元，而參戰軍費一萬零
五十餘萬元尚不在內，其間如間接損失賠償標準等等之
問題，雖尚有討論之必要，然此事關於賠償國家及國民
損失，且為數之鉅，以萬萬計，其關係既甚重大，其性
質又無須秘密。偽北京政府，果無執法作弊之意存於其

間，當即以此案完全公開，以求適當之解決。乃偽北京
政府辦理此案，絕端詭祕。其始惟以曹錕嬖人李彥青獨
司其事，並其所奴蓄之偽國務院，亦不使聞知；其繼則
偽國務院承伺曹錕嬖人李彥青意旨，相與上下其手，並
其所傀儡之偽國會亦不使參與，因以惹起偽國務院間之
傾軋與偽國會間之喧鬨。從來罪惡起於黑暗，以不應祕
密之事，而付諸祕密，其包藏罪惡，不難推見。況據其
所傳此項賠償方法，除曾由德國政府交納現款四百萬元
外，並由德國政府將其所收集之津浦、湖廣鐵路債票，
及到期息票，暨善後到期息票，約四千餘萬元，交付中
國，作為賠償之一部分，暨扣除中國政府對德債務約
四千萬元，為數與冊報總數相差甚鉅。況債票價格及對
德債務，在未清查以前，何由知其真額？此案既為國家
及國民利益所關，庸可聽偽北京政府為所欲為，以一手
掩蓋天下耳目耶！以上所言，猶專意於賠償方法。至於
賠償之用途，尤有當為國民所注意者。案庚子賠款對德
部分為數一萬零八百萬元，早已退還，而退還之後，作
何用途，至今無人過問。德國對我賠款，曾交現洋四百
萬元，作何用途，至今無人過問報。此次債票總數為
四千餘萬元，據上海新聞報六月十八日載偽國務院致吳
佩孚、齊燮元等寒電，內稱德發債票解決經過，該款如
無意外，即可收回現款四千餘萬。現經國務會議議決，
由財政部體察情形，開列支配清單，提交兩院云云。北
京偽政府甘為軍閥鷹犬，以殘虐國民，久為歷年昭著之
事實。以國家及國民利益所關之事，付之彼輩，其為危
險，寧可思議！必與庚子對德賠款及前次德國對我賠款

四百萬元，同葬送於黑暗罪惡之中，不特無以彌補國民之損失，且適以增加國民之負擔已耳。況寒電所傳，猶為表面之語，據近日各報所載，偽北京政府，已與各省軍閥協定分贓計劃、數目分配，燦然已備。然則此四千餘萬之賠款用途，小則飽軍閥之私囊，以供無饜之欲；大則以之為摧殘異己之用，其結果適足以增長內亂，蔓延兵禍。此不獨本黨所極端否認，亦國民所同聲反抗，抑亦有友誼關係諸國所不能坐視者也。綜之，偽北京政府對於德發債票案，其辦理經過之詭秘，方法之糊混，用途之叵測，皆足以構成其賣國殃民之罪狀。本黨對偽北京政府早已不屑與言，惟我國民對此利益所關、危機所伏之德發債票案，實不宜漠視。本黨以為全國以內各國民團體，如省議會、教育會、商會、農會、工會等，宜及時奮起，對於此案一致主張，應共同組織合議機關，直接處理一切，辦理務使公開，方法務使正當，用途務使其有裨於民生國計。庶幾國家及國民利益，不致為少數軍閥壟斷以盡。其他與此案有相類之性質者，如金佛郎案，如各國退還庚子賠款案，國民亦當依同一態度而處理之。若猶疑不決，或少嘗輒止，則國民不啻自暴其弱點，終必為軍閥所乘，在軍閥固得以縱其賣國殃民之欲，而國民亦不能辭姑息養姦之誚。是非利害，惟國民知所從事焉。

三、特種委員會委員廖仲愷、汪精衛、譚平山，提出：
　　對朱乃斌、方瑞麟等中俄交涉問題之答覆。

決議：照原案修正通過。

中俄交涉問題之答覆

　　頃接廣東建國宣傳團朱乃斌等來電及方瑞麟等呈文，關於中俄協定條款有所論議，本會認為此不但有關於本黨外交方針，並有關於本黨之紀律，用特正告以斬黨員注意。關於中俄協定條款，本黨對之應取若何態度，總理早已有所宣示，俾黨員知所率循。本年三月十四日，廣東通訊社第六號通訊，紀載總理對日本通訊員表示我政府對於北京政府與俄國交涉之態度，此一段談話，先後經廣州各報繙譯登載，黨員對此不應熟視無覩。朱方諸君此次電文所提疑問，總理早已解答。即無論北京政府與俄國交涉成就與否，於我政府與俄國之友誼不發生影響，其談話意義，至為明顯。朱方諸君，或未見總理此一段談話，或雖見及而尚未免懷疑，則據其所見，質諸本會，亦黨員所宜爾。惟本會所不解者，當朱方諸君此項文電未到達本會以前，廣州各報已登載迨遍，是朱方諸君將此文電先送登各報，至少亦當解釋為同時送登各報，此等行為，有失黨員規範。黨員對於本黨方針，有所規劃，當先於黨內自由討論，俟決議之後，始對外發表，如此既可以尊重黨員意思言論之自由，同時亦以尊重本黨之行動一致。若不經決議，遽即對外發表，適足以表示黨員對於本黨無團體分子之關係，與各黨員之自由行動意思參差而已。黨員如此，何貴有黨！此在一切規劃皆當切戒，況關於外交之規劃

乎？且朱方諸君不只以此文電送登各報而已，且直以文電送致俄京及加拉罕、鮑羅廷兩君，此尤不合，誠本會所引為深憾者也。本會對朱方諸君文電，認為所關於本黨之外交方針者猶小，所關於本黨之紀律者甚大。謹此竭誠相告，願各留神省察。

四、青年部部長提出：力爭各國退回庚子賠款一部為廣東大學經費案。

決議：照原案通過。

青年部力爭各國退回庚子賠款一部為廣大學經費案

　　青年部部長提出力爭各國退回庚子賠款一部為廣大經費案，各國庚子賠款定為教育經費係吾黨政綱，爭庚子賠款一部為廣東大學經費係本會之決議案，堄各國庚子賠款已陸續決定退回，軍閥群思染指，洛吳則借名建築西北鐵路由朱兆莘活動於英倫，蘇齊則借名導淮由江蘇教育會活動於學界，吾黨亟宜本政綱決議對內對外嚴重宣言，一以打消軍閥之陰謀，一以發皇吾黨之主張是否有當。即請公決。

五、青年部長提出對俄國退回庚子賠款組織委員會，力爭參加案。

決議：派青年部長鄒魯接洽辦理。

青年部部長提出對於俄國退回庚子賠款組織委員會應力爭參加案

　　俄國退回庚子賠款為數幾一萬萬元，其支配用途，則在委員會。委員會之組織共三人，俄一中二。若中國

之二人，悉由北方軍閥指派，非特用途堪虞，即吾黨政府亦至失地位。故總理用大元帥名義，致電俄代表加拉罕、派魯為委員，俄國與吾黨政府素趨一致，應由本黨切告加拉罕、鮑羅廷二位俄代表，中俄委員會，吾黨政府須占一人，否則中國二人當悉由國立大學聯合會選舉，萬不能由北方軍閥任意派人也。是否有當，即請公決。

六、彭委員素民因病留院，請准假十日。
決議：准假十日。

七、廣州特別市黨部定本月六日下午一時假高師禮堂補行開幕典禮，請派員蒞會。
決議：派委員汪精衛、廖仲愷、張繼三人屆時代表出席。

八、劉同志兆銘報告：難兼理黨務事。
決議：准其辭職。

九、緬甸直通分部買成黨所案。
決議：由海外部覆函鼓勵，並請總理賜以嘉言。

十、中央執行委員會開會時竊聽者懲戒及取締事。
決議：
　一、對於今天在樓上竊聽者，應施以相當懲戒。
　二、會內除管理庶務及當差者外，所有職員不准在會內住宿。

三、開會時，無論何人不得在樓上樓下及會場四週
　　坐立。

第四十一次會議

十三年七月七日

到會者：鄒　魯　邵元冲　王法勤　譚平山　胡漢民
　　　　林祖涵　鄧澤如　廖仲愷　李宗黃　楊希閔

主席：胡漢民
常務委員：譚平山

報告事項

一、宣讀第四十次會議紀錄。

　　對於四十次會議錄「青年部部長提出對於俄國退回
　　庚子賠款組織委員會應力爭參加案」，由四十一次
　　會決定：將其中「否則，中國二人當悉由國立大學
　　聯合會選舉，萬不能由北方軍閥任意派人也。」一
　　節刪去。

二、南洋荷屬孟加錫支部張璧山等報告：喳華群島黨務
　　經過大概情形，及附繳工人各種調查表九張。

三、王委員法勤報告：北京執行部及所轄各省黨務情形。

四、林委員祖涵報告：漢口執行部及所轄各省黨務情形。

討論事項

一、汪、邵兩委員起草本會關於黨務之宣言。

決議：照原案修改通過。

中國國民黨關於黨務之宣言

十三年七月七日一屆中執會第四十一次會議通過

吾黨自提倡革命運動以來，內審本國之國情，外按世界之趨勢，幾經斟酌，始確定三民主義，為中國革命運動中唯一之根據，三民主義之革命為中國革命運動中唯一之途徑，而最適合於中國之國情及環境，奮鬥既久，信守彌篤。惟以向者組織未善，運用之際，效力遂減，本年全國代表大會，即根據吾黨固有之三民主義而改善其組織運用之方法，俾革命事業得以早成。同時又以中國現在之大多數人民，皆陷於壓迫痛苦之中，則革命之基礎，自以聯合全民共同奮鬥，始能益顯其效力。故凡有革命勇決之心，及信仰三民主義者，不問其平日屬何派別，本黨無不推誠延納，許其加人，態度本極明顯。惟數月以來，黨內黨外，間多誤會，以為已加入本黨之共產派黨人，其言論行動，尚有分道而馳之傾向，於是反對派得藉此而肆其挑撥，同志間遂由懷疑而發生隔閡，社會群眾之莫明真相者，更覺無所適從，減少其對革命運動之同情及贊助。此種情狀，若不亟事矯正及補救，恐直接影響於黨務之進行，間接亦影響於全民革命之發展，關係實至深且鉅。中央執行委員會負有指導黨務及解釋黨義之責任，茲為解免黨內外之誤會及隔閡起見，不能不再為鄭重之聲明：即本黨既負有中國革命之使命，即有集中全國革命分子之必要，故對於規範黨員，不問其平日屬何派別，惟以其言論行動，能否一依本黨之主義政綱及黨章為斷。如有違背者，本黨必予以嚴重之制裁，以整肅紀律。同時又為謀慎重的及周密的

解決起見，特呈請總理在短期內召集中央執行委員會全體委員會議，以期討論周詳，妥求解決。仍望我諸同志在此時期中，繼續努力，本革命之精神，為主義而奮鬥，屏除疑惑，奮勵進行，以靜待全體委員會議之解決，俾革命工作，不致中頓，此則本委員會同人殷殷相企者也。特此宣言。

二、覃委員振函催匯漢口執行部經費案。

決議：趕速匯滬。

三、覃委員振函：請委于右任為陝西黨務籌備員。

決議：由本會照委。

四、張委員知本擬定黨務進行辦法二項。

決議：如下

　　一、漢口執行部暫告結束，所有湘鄂陝各省黨務，統歸上海執行部辦理。

　　二、漢口特別區黨部，以及所轄各省黨部，應積極進行。

五、江偉藩函催提出陝西黨務進行案。

決議：陝西籌備員既改委于右任，應函知江偉藩直接與于籌備員磋商。

六、工人部秘書馮菊坡報告香港黨務，並代要求特別補
　　助案。

決議：如下

　　一、推定之籌備委員會委員：凌公愛、梁子光、
　　　　唐麗波、杜滄洲、胡澤泉、廖祝三、譚海山、
　　　　梁麗堂、黃忠、周樹垣、馮敬、黃巨洲、梁日
　　　　清、袁新、蘇兆徵、熊振文、文棠、黃金源、
　　　　胡蔭等十九人，准予加以委任。

　　二、特別補助港票三百元，以為籌備之用。

七、實業部提出：木部辦事章程草案。

決議：照草案通過，惟將指導幹事改為聯絡幹事。

中央執行委員會實業部辦事章程

第一章　實業部之方略

　　第一條　所謂實業，包括農業、工業、鑛業、商業、
　　　　　　交通等。

　　第二條　實業部與各部之關係，例如農業與農民部
　　　　　　之關係，工業與工人部之關係，商業與合作
　　　　　　委員會之關係等，當相與聯絡，以利進行。

　　第三條　實業部之主要工作，在根據建國方略中之
　　　　　　實業計劃及第一次全國代表大會宣言內關於
　　　　　　實業各條，從事於宣傳研究，及謀其實施。

　　第四條　實業部之目的，在說明中國今日實業之現
　　　　　　狀，及在世界上中國實業之地位。

　　第五條　實業部所採對於中國實業之方法，其治標

的方法，在提倡國貨，謀中國實業之獨立
及發展；其治本的方法，在謀中國政治上、
經濟上之根本解決。

第二章　實業部之組織及職務

（甲）實業部之組織

第六條　實業部由下列各種組織執行部務：

（一）聯席會議　關於部務有重要事件發生
時，由部召集聯席會議決定之。列席
者如左：
有關係之各部部長（例如農民部、工
人部等）；
有關係之各黨部（例如合作委員會、
廣州特別市黨部之實業部等）；
有關係之法定團體（例如商會、農
會、工會等）；
黨立新聞社之社長及編輯撰述主任；
其他本部認為應請列席之團體及個人。

（二）本部會議　關於本部執行之事件，由
本部會議決定之。列席者如左：
部長；
秘書；
調查、編纂、聯絡各幹事。

（三）實業委員會　關於本部方針之進行，
由本部召集實業委員會輔助之。列席
者如左：
本部職員（部長、秘書、調查、編纂、

聯絡各幹事）；

實業委員　無定額，由本部聘任之。

（乙）實業部之職務

第七條　本部所決定之方針，應指導各執行部、各
　　　　省黨部、各特別區特別市黨部之實業部，
　　　　為一致之進行。

第八條　本部職員之任務如下：

（一）部長　統理部務，一切文件由部長簽
　　　　字後始得發行之。

（二）秘書　協助部長，整理部務，保管文
　　　　書及圖書，編製本部之部務報告書，
　　　　起草一切公文函件，並與各機關接
　　　　洽。部長不在時，代行部長職務。

（三）調查幹事　關於實業為一切之精密調
　　　　查，報告於本部。

（四）編纂幹事　關於實業方略之宣傳，編
　　　　成宣傳品，如專書小冊子及供給日報
　　　　雜誌之論文暨材料。

（五）聯絡幹事　關於本部方針之進行，對
　　　　於黨內外團體及個人從事接洽，俾為
　　　　一致之動作。

（六）錄事　職掌謄錄，及整理部內各種文
　　　　件、書籍、報紙等。

第九條　本章程於中央執行委員會通過後即日施行。

八、青年部部長擬請本會設立國立廣東大學委員會案。

決議：決定設立國立廣東大學委員會，並定委員五人，
　　　辦事細則由委員自定。

九、組織部提出：限制區分部人數理由及方法案。

決議：照原案修改通過。

限制區分部人數理由及方法案

　　中央執行委員會第十七次會議討論事項第九項決議：除工廠學校外，各區分部人數最多以三十人為限，但仍須由組織部將限制人數理由及具體方法，分別製成議案，提出公決施行。茲依據前項決議案，特於六月廿九日召集各區黨部常務委員聯席會議，詳加討論，擬定理由及方法八條，謹提出公決。

甲、限制區分部理由：

　　1. 人數過多，黨員散處，開會常多缺席。今限制三十人，則召集較易，三個執行委員，對於十餘個黨員，加以訓練，亦較容易。

　　2. 人數多則事繁，辦事人非專理黨務，殊鮮良效。現時將各區分部執行委員，皆各自有其職業，難於兼顧，若限制人數，則事務簡省，兩不妨礙。

　　3. 黨員過多，開會地點難得適當，今限制人數，自易解決。

　　4. 現時各區分部所收黨費不敷支銷，若限制人數，則經費可以節減。（如屋租、郵費、雜支等，可盡量縮小。）

乙、限制區分部人數方法：

   1. 已超過三十人之區分部即行劃分。

   2. 區分部地域不再劃定，但對於黨員住處務求
      毗連。

   3. 目前期滿應改選之區分部，即於改選時分別
      組織。

   4. 此案由區黨部執行委員會負責辦理。

十、陸軍軍官學校招考工兵科案。

決議：如下

    一、在上海招考九十名，在廣東招考九十名。

    二、開課日期展遲十天，即八月十日。

十一、致萬國農民協會第二次代表大會函。

決議：照原函修正通過。

第四十二次會議

十三年七月十日

到會者：胡漢民　林祖涵　汪精衛　柏文蔚　邵元沖
　　　　鄒　魯　楊友棠　廖仲愷　王法勤　張　繼
　　　　李宗黃　鄧澤如　譚平山

主席：胡漢民
常務委員：譚平山

報告事項

一、監察委員張繼、鄧澤如報告：香港大光報所載消
　　息，並非由監察委員會洩漏案。

二、王委員法勤報告：北京執行部財政狀況案。

三、王委員法勤報告：北京部所轄市省黨務，及市立正
　　式黨部成立經過案。

四、王委員法勤報告：山東黨務案。

五、直隸省黨部李允中報告：直省黨務案。

六、劉侯武報告：抵越，請函嘉獎周煥庭、郭子暉二同
　　志案。

七、劉侯武報告：組織安南總支部情形，及請致函嘉獎
　　林永倫案。

八、劉侯武報告：安南總支部組織順利情形案。

九、潘致剛等報告：安南高綿支部組織經過情形及職員
　　人數案。

十、何友逖報告：組織保安、深圳區分部情形案。

十一、海外部報告：墨西哥組織總支部開始辦事案。

討論事項

一、青年部提出：本黨對於各國退還賠款宣言草案。

決議：照草案修正通過。

中國國民黨對於各國退還賠款宣言

　　庚子之役，賠款四百五十兆兩，分三十九年攤付，本息合計九百兆兩有奇。比者英、俄、美、日等國，均以退還賠款見告；如他法、比等國，亦有退還之議，盛意良可感謝。退款之數目不一，綜而計之，凡數萬萬元，使不幸而落於軍閥官僚之手，則中飽私囊，或敗壞政治，或助長內亂已耳。是各國退還賠款，不獨不能造福於吾民，反以禍吾民，豈各國之本意哉？夫庚子賠款，取諸全國四百兆人民者也，故本黨主張，今之退款，應舉而措諸為四百兆人民謀幸福之教育事業，此本黨全國代表大會所列之政綱也。數月以來，國中輿論，對此主張，多表贊同，足見公道在人，無間南北。惟最近竟有持異議者，以為退款築路導淮，或辦其他實業，豈不直接有益於人民，或再以築路導淮，及其他實業之收入以興學，似屬一舉兩得。殊不知築路導淮，工艱事鉅，其收效恆在十年、二十年以後，必俟築路導淮之收效，而始議興學，不知俟至何時！況京漢、京浦等路，每年贏利何啻數千萬，曾有些許用之於興學否耶？惟見軍閥任意截留，以為其招兵買馬，荼毒吾民之具耳。欲以退款築路導淮等說，直是自欺欺人之談，吾人懲前毖

後，決不為所給也。且實業為生利之營業，可以借款興辦，外人有利可圖，亦樂於投資，教育則不然。吾國興國，垂數十年矣，然多具形式而乏精神，有空名而無實際，欲求一規模宏敞，設備完全，名實相副者，環顧國中，殆不數覯。此其故不一端，而經費缺乏，則其惟一之致命傷也。軍興以還，此弊尤著，教育命脈，久已奄奄一息，不絕如縷矣。維持現狀，已覺萬難，改善擴充，云胡可望？今何幸得各國退還之款，為學界餽貧之糧，揆諸情理，名至正而言至順。若夫教育用途，非一言所能盡，應由教育團體組織一審定用途委員會，調查設計，假以全權，積極進行，務合適應潮流，振興文化之旨。並應由教育團體，組織一保管退款委員會，對於退款，嚴格保管，一分一文，不得移作別用，以免軍閥官僚窮兵侵蝕之弊。至於收入支出，務取公開，理所當然，無待贅述。凡此種種，本黨應熟思審慮，一秉至公，福國利民，胥賴乎是。邦人君子，幸採擇焉。

二、北京新民國雜誌催匯第六期經費案。

三、北京執行部催匯款項案。
以上二、三兩案決議如下：如有款項，即行匯上。

四、廣州市黨部請頒布工會條例，俾各工會有所遵循案。
決議：組織委員會辦理此事，並推定廖仲愷、汪精衛、戴季陶、邵元沖、劉蘆隱五人為委員，在兩星期之內提出草案，由邵委員元沖擔任起草。

五、王委員法勤提出：北京執行部所屬各市省正式黨部
　　成立後，規定預算，以何為標準案。

決議：照前定預算案為標準；又北京為特別市黨部應等
　　　於省黨部。

六、農民部提出：請辦農民半月刊案。

決議：交宣傳部酌量辦理。

七、江偉藩為陝西黨務往返滬粵，積欠川旅等費，請撥
　　給案。

決議：不能撥給。

八、覃委員振證明雷大同決無背叛行為，即希冰釋案。

九、大會代表劉芳、廖乾五、李能至等報告：雷大同等
　　控詞詆毀，呈請懲辦案。

以上八、九兩案交監察委員會。

十、監察委員會報告：經審查初貝分部長楊健周及邢森
　　洲等彈劾陳瑞雲籍黨舞弊案。

決議：根據監察委員會審查結果，應行除名，並將事實
　　　在黨報公佈。

第四十三次會議

十三年七月十四日

到會者：鄒　魯　廖仲愷　石　瑛　楊友棠　汪精衛
　　　　胡漢民　鄧澤如　王法勤　邵元冲　柏文蔚

主席：鄒　魯

常務委員：邵元冲

報告事項

一、宣讀第四十二次會議紀錄。

二、東京支部報告：籌備組織支部，懇祈鑒核示遵案。

三、軍政部長程潛函復：經奉核准追贈夏次岩為陸軍中
　　將，並照陣亡例給卹案。

四、瓜哇萬隆分部報告：組織分部，隸屬巴達維亞支
　　部案。

決議：由委員會復函獎勵，並敦促進行。

五、彭委員素民因病留院未愈，續假十日案。

決議：照准。

六、陸軍軍官學校特別區黨部報告：成立之經過，組織
　　之大概，活動之進行案。

討論事項

一、汪委員精衛提出：本黨對中俄協定宣言草案。

決議：修正通過。

中國國民黨對中俄協定宣言

十三年七月十四日一屆四十三次中執會通過

本黨領有歷史的使命，為中國之獨立與自由而奮鬥，三十年來，努力欲使中國脫離次殖民地之地位，以與各國平等共存於世界。本年第一次全國代表大會宣言，確定政綱，其對外政策第一條：一切不平等條約，如外人租借地、領事裁判權、外人管理關稅權、以及外人在中國境內行使一切政治的權力，侵害中國主權者，皆當取消，重訂雙方平等互尊主權之條約。第二條：凡自願放棄一切特權之國家，及願廢止破壞中國主權之條約者，中國皆得認為最惠國。本此對外政策，以與各國周旋，彊禦非所畏，艱難非所恤！俄國自革命以來，君主專制時代之帝國主義已根本摧破，故對於中國，嘗明白表示：自願放棄一切特權，及廢止破壞中國主權之條約。倘使當時北京政府，不為非法之軍閥官僚所竊據，則必能代表民意，開誠相見，新約早成，邦交早復。無如此輩軍閥官僚，惟知把持政府，以遂其私，國事非其所恤；且對於俄國革命真相，既熟視無覩，對於各國對俄態度，復首鼠兩端。故對於俄國所提議，竟茫然昧然，不知所措。以致與國家及國民利益極有關係之中俄交涉，竟無從進行。蹉跎荏苒，以至今年春間，始有協定成立之訊，而又因當事者間嫉妒之私，忽然停頓，必待當事者私人間嫉妒既已平復，協定方得成立，其兒戲國事，一至於此。夫中俄協定之成立，其中俄國對於中國放棄其從未獲得之特權，及廢止從來破壞中國主權之條約，皆俄國根據其革命主義所自願拋棄，絕非偽北京

政府所交涉而獲得，此皆經過之事實，國人所共喻者。
故就中俄協定而論，對於俄國一方面，國人誠當感其正
義與友誼。蓋自數十年來，中國與外國所結條約，皆陷
於侵害中國主權及利益之厄境，此固由中國當局愚弱所
致，亦由列強懷實行帝國主義實使之然。此次中俄協
定，則能適合於雙方平等互尊主權之原則。故當協定將
成，俄國駐廣州代表鮑羅廷君，自北京致電本黨總理，
稱此協定之精神，實準依本黨政綱之對外政策，洵非虛
語也。對於北京偽政府，一方面則雖其目前盜竊名器，
未為國民所搰擊以去，猶處於國際間被承認之地位，因
得以承受此中俄協定。惟此協定在北京偽政府存在期
內，決無實行之希望。蓋北京偽政府，惟知諂事列強，
仰其鼻息，以偷生苟活，欲責以保持國家主權，及維護
國民利益，不特非其所能為，亦非其所願聞。如此則實
行中俄協定，尚何能望？證以近事，對俄使館之交還，
恇懦無能，不敢有所主張；對於庚子賠款之退還，全國
輿論皆主張全數撥作教育經費，而彼獨奉承軍閥頤指，
巧立導淮築路諸名目，謀攘此款，以飽私囊，至於悍然
違反民意而不恤！凡此皆足證明欲實行中俄協定，非具
有決心努力致中國於獨立自由者，必不能負荷。北京偽
政府，徒足為實行中俄協定之阻梗而已。然則俄國此次
與北京偽政府成立協定，與其謂俄國承認不能代表公理
及民意之北京偽政府，以增進其國際的地位，無寧謂北
京偽政府得俄國之承認，愈足以暴其惡劣於國民及世界
也。故本黨以為國民關於中俄協定，對俄一方面當感其
厚意，此後兩國人民，益當互相了解，以共同努力於互

尊主權，互助利益之途；對北京偽政府一方面，當知名
器之不可久假，大任之不可虛懸，此後益當以國民之
力，鋤而去之。本黨總理在中俄協定未簽字前，曾對於
廣州通訊社員有所解答，關於此義，已極明顯。當時黨
員尚有陷於觀察未周之謬誤者，而國民對於中俄協定，
亦不免仍其漠視之常態與放棄責任之故智，皆非所宜。
本黨有指導黨員實行政綱之責，有主張正論為國民嚮導
之責。故秉承總理意旨，發此宣言。

二、北京黨員王文彬等呈報：京黨務廢弛，市選舉違法
舞弊，並繳證物，懇依法嚴辦案。
決議：先交中央監察委員會審查，並保留以待全體中央
執行委員會委員開會再議。

三、聯義海外交通部總幹事譚達三呈請免繳該社黨員印
花，仿照特別區辦理案。
決議：
一、印花費可以先繳若干月，不必按月分繳。
二、關於特別區事，交組織部辦理。

四、何香凝同志請電派林部長森在美為貧民生產醫院勸
捐案。
決議：照辦。並電林委員在檀香山及美洲，為黨立貧民
生產醫院募捐。

五、劉籌備員侯武函報安南組黨棘手情形，並海外部擬
　　定應付辦法，請公決案。

決議：照該部所擬辦法，直接由該部答復。

六、湖北省黨部函請核發各津貼案。

決議：復函；請其將預算確數，已成立機關數目、黨員
　　　人數，詳復後再行核奪。

七、關於召集全體中央執行委員會委員討論重要黨
　　務案。

決議：呈請總理召集全體委員，於八月十日在廣州開
　　　會，旅費照全國大會標準，食宿由中央委員會
　　　招待，寄宿舍高等師範學校。開會期假定十
　　　日，開會期內另用費每人二十元。

八、「秘密」，胡委員漢民提出：政治委員會對中央執
　　行委員會之權限案。

決議：

　　　一、關於黨事，對中央執行委員會負責，按照性
　　　　　質由事前報告，或事後請求追認。

　　　二、關於政治及外交問題，由總理或大元帥決
　　　　　定辦理。

第四十四次會議

十三年七月十七日

到會者：汪精衛　鄧澤如　鄒　魯　楊友棠　廖仲愷
　　　　邵元冲　王法勤　柏文蔚

主席：汪精衛
常務委員：邵元冲

報告事項
一、宣讀第四十三次會議紀錄。
二、北京丁部長惟汾報告：山東臨時省黨部經過情形案。
三、北京丁部長惟汾報告：直隸省黨部經過情形案。
四、粵漢路特別區黨部黨務報告案。
五、湖南省黨部報告：兩月來黨務大概案。

討論事項
一、王委員法勤提出：執行委員全體大會期間，上海、
　　北京兩執行部黨務，一切均由廣東中央執行委員會
　　執行，以期勿使黨務停頓案。
決議：原案撤回。

二、青年部長提出：法國金佛朗案，北京行將定約，應
　　定對付方針案。
決議：用本會名義，請研究委員會周鯁生、王雪艇、皮
　　　皓白擬稿，交本會決定。

三、青年部長提出：日本對華僑苛例，本黨應有表示，
　　予以援手案。

決議：交政治委員會辦理。

四、廖委員仲愷提出：駐普埠分部龔永信請在恩平設立
　　縣區黨部案。

決議：原案撤回。

五、湖南省黨部報告黨務情形，並請領省黨部經費、黨
　　證印花、印刷品等案。

決議：覆函照辦並獎勵之。

六、組織部劉指導員爾崧報告新會黨務設置計劃案。

決議：交組織部派員前往辦理。

七、香山縣胡籌備員勁子報告預算概數請求補助案。

決議：所定預算數目太大，覆函請其盡力核減，再行
　　　決定。

八、香山縣胡籌備員勁子報告組織經過程序，並縣黨部
　　應何日成立請示祗遵案。

決議：交組織部辦理。

九、香山縣胡籌備員勁子報告：對於懲戒、獎勵兩途，
　　實施懲勸，並請懲戒團保局長吳初、警察分署長吳
　　寶鈞案。

決議：交省長辦理。

十、青年部長提出：藍同志餘熟等擬定組織學生軍辦
　　法案。

決議：下次再議。

十一、農民部提議：農民運動講習所展期畢業，參觀
　　　軍官學校，作軍事上學習案。

決議：准往參觀，惟學習事，應請陸軍軍官學校自行
　　　決定。

十二、臨時提出：請汪委員精衛暫代常務委員。

決議：通過。

十三、「秘密」，政治委員會提出：對於守正國會議
　　　員行動之方針。

決議：照原案通過。

十四、政治委員會提出：關於農民講習所學生軍事訓
　　　練及增招學生案。

決議：照原案通過。

第四十五次會議

十三年七月二十一日

到會者：汪精衛　鄒　魯　邵元冲　胡漢民　譚平山
　　　　鄧澤如　廖仲愷

主席：胡漢民
常務委員：譚平山

報告事項

一、宣讀第四十四次會議紀錄。

二、軍官學校蔣校長、廖代表報告：修葺海軍學校與東
　　和公司訂約，請查核備案事。

討論事項

一、中央執行委員會對上海同志訓令草案。

決議：照案通過。

中國國民黨中央執行委員會對於上海黨員之訓令

頃接上海黨員報告：

　　七月三日上海公共租界工部局公報載有工部局總董
費信惇，六月二十日覆領袖領事意總領事羅西公函，其
中辭意，顯係欲應偽北京政府之請求，以加危害於本
黨。本黨黨員非常憤激，至有主張要求本黨取消歷來禁
止排外之命令，放任青紅幫等，自由回復庚子以前之活
動者；又有主張要求本黨鼓勵在租界內為總罷工之運動
者。本黨對於此等要求，不能許可，爰發訓令如左：

　　本黨之職務，在根據三民主義，以實現獨立平等的國家，對於狹隘酷烈的排外思想，認為於世界及人道有害，於國家及民族之獨立平等，亦有害而無利，故常努力防止之。當庚子之歲，滿洲太后及王公大臣，提倡義和拳，揭扶清滅洋之旗幟，以實現虐殺外國人，其時本黨起革命於惠州，則依照國際公法，對於居留境內之外國人民生命財產，加以保護，證明滿洲政府野蠻排外之行為，為本黨所反對。自是以後，凡各處崛起之革命軍，莫不對於外國人民生命財產，加意保護。辛亥之役，革命軍遍於各行省，而外國人民生命財產，秋毫無犯。此皆本黨主張足以轉移國人之心理，而黨員能受本黨約束之明效大驗也。元年一月一日，本黨總理孫先生，就職臨時大總統宣言，謂當盡文明國應盡之義務，以享文明國應享之權利。本黨正大之主張與態度，久已昭著於世界矣。

　　十三年來，北洋軍閥竊據北京政府，此輩為營私罔利起見，不恤與帝國主義者相勾結，以售其賣國之謀。國人常以其媚外而詬病之，然此輩腦中滿貯復古、帝制、迷信諸思想，此諸思想與排外思想深相膠附，其媚外行動，適有思想與手段相矛盾之象，證之近來北方祕密結社，到處流行，皆以北洋軍閥為中堅，而腐敗官僚從而依附之，其最大之結社，奉唐代神仙呂純陽為正會長，曹錕為副，王懷慶等為幹事，發號施令，依於扶乩，副會長以下，奉事維謹，謂呂純陽能運飛劍，盡刈敵人云云。此等結社，其目的及性質，均與庚子義和拳相同，本黨對之，正謀從事芟夷，因此等結社，為復

古、帝制、迷信諸思想所寄托，危及國本，不獨排外思想有妨國際已也。凡本黨勢力所及之地，此等思想自然絕跡，反之本黨勢力所不及之地，此等思想即潛滋暗長。例如安徽為本黨勢力所不及，即有大刀會之發生；四川甫脫離本黨之勢力，即有神打會之發生；皆可以類推者。故本黨今日當自知其歷史的使命，有指導全國從事革命活動之責任，對於革命軍向來約束，及本黨向來宣傳宗旨，不宜拋棄，宜繼續禁止一切不文明之排外舉動。所有黨員，皆當本此意旨，以指導國民，使勿入於歧途。即使外國人方面不能深知本黨主義所在。至於扶助偽北京政府，以加危害於本黨，對於本黨為以怨報德之舉動，對於偽北京政府承認敵為友之錯誤，致使本黨不能不採用種種自衛手段，而本黨終不欲放棄其禁止排外之主張，以保其對於國際始終一致之態度。

至於運動租界以內總罷工之提議，本黨認為過為已甚，亦不能許可。

且核閱費信惇覆羅西之函，其中所云「反抗中國政府之徒」未必即指本黨，本黨固為始終反抗偽北京政府之最力者，然去歲以來，曹錕以非法行賄，竊據北京政府，惹起全國人民之反對，除其淫威所及之地方，人民敢怒而不敢言外，西南各省及東三省、浙江、淞滬皆明白反對，不承認其政府地位，即如上海總商會固曾公然發表否認北京政府之通電，上海護軍使亦即為反抗北京政府之重要方鎮。上海公共租界工部局，對於國民意嚮所在，安能熟視無睹，亦安能悍然不顧，扶助偽北京政府，以與公理及民意為敵？即使果爾，公共租界之工部

局,亦當得領事團之允許,公使團之同意,及各該外國政府之承諾,而此種反於文明國家所採中立態度之舉動,逆料領事團、公使團及各該外國政府,必不能容許也。

如上所論,工部局總董覆函所言,並未明指本黨,即使解釋為隱指本黨,而本黨亦不以為意。故本黨黨員,以忍耐鎮靜之態度處之,一切躁急舉動,皆當禁止,以靜待本黨繼續之訓令。

二、香港新聞報補助案。
決議:每月補助二千元,扶助其能自立為止。

三、廣州特別市黨部預算案。
決議:

1. 將詳細預算表來會審核,如職員若干人,每人月薪之類。
2. 區黨部補助費,應照中央執行委員會議決案執行。
3. 將上海市黨部補助區黨部數目(50)及各省需款數目之事實告知。

四、農民部提出:組織廣州市四郊農民協會案。
決議:照原案修改通過。

五、青年部提出：組織學生軍案。

決議：照原案修改通過。

六、軍官學校呈請擴充兵工一科，開送預算請指撥案。

決議：照原案通過。

七、軍官學校擬定招考兵工科分隊長廣告，請核准宣
　　布案。

決議：致函駐校廖代表，直接與蔣校長磋商決定辦
　　　　法，再提出報告。

八、上海執行部來電：關於軍官學校兵工科招生改定日
　　期案。

決議：照來電改為八月三日為截止報名日期，廣州報
　　　　名日期同時亦展至八月一日。

九、覃委員振函：轉湘鄂兩省黨部催款函件，請核復案。

決議：

　　　　1. 湘省預算一千三百七十元核准。

　　　　2. 鄂款俟其進行狀況報告來會，再行核定。

十、宣傳部核覆：關於法國總支部請求刊物津貼費案。

決議：准先給半年經費三百元。

十一、粵軍總司令部許崇智來函：關於中央通訊社案。

決議：致函告誡。

十二、軍官學校第五區分部關於執行委員選舉疑問案。

決議：應照原定章程第六條舉行改選。

十三、總理講演案。

決議：

1. 除照前月辦法辦理外，並通知行政機關及教育機關派員聽講。
2. 聽講證由各軍各機關自製，先將樣式分送本會及高師。
3. 黨員憑黨證入場。
4. 講題及時間再行通知。

十四、致祭高將軍事。

決議：

1. 通告各黨部於廿三日上午九時三十分齊集東較場舉行公祭。
2. 是日黨部下半旗誌哀。

第四十六次會議

十三年七月二十四日

到會者：王法勤　譚平山　李宗黃　鄒　魯　胡漢民
　　　　汪精衛　廖仲愷　柏文蔚　邵元冲　楊友棠

主席：胡漢民
常務委員：譚平山

報告事項
一、宣讀第四十五次會議紀錄。

討論事項
一、香江晨報總經理黃右公報告該報近況案。

決議：將香江晨報及香港新聞報合併，並派李南溟、
　　　黃右公會商合併辦法。

二、青年部長提出：函催俄國退款辦法答復案。

決議：函詢鮑代表，並請其答復。

三、劉同志侯武報告黨務情形，並附薄寮廣信原函暨進
　　支表，請核示案。

決議：如下

　　1. 總支部應該設立，並應設於西貢隄岸。

　　2. 各支部意見紛歧，應由海外部設法融和。

　　3. 越督誤會事，應將經過情形及交涉事項，詳

　　細寄去。

四、彭委員素民請續假十五日函。
決議：准假。

五、中央監察委員會函：謂本會決算書認為不能達稽查
　　之目的，請查照，迅將指撥各點，加以修正，再移
　　過會辦理案。
決議：送交會計科分別擬復。

六、廣州特別市執行委員會函知：第六次會議決議，限
　　日促令舊同志補行登記，將登記表增加一項案。
決議：通過。

七、組織部提出：修正補助廣州市區黨部經費條例案。
決議：通過。

組織部提出修正補助區黨部經費條例案

　　六月廿九日各區黨部常務委員，在組織部開聯席會
議，對於中央第二十二次會議決議補助廣州特別市內區
黨部辦公費案之丙項條件，「每月最少依例開黨員大會
一次，其出席人數，能有總額之過半數」之一點，認為
目前有障礙者二：

一、各區黨部中警察黨員，幾佔半數，如七、八、九、
　　十等區，更佔大半數，此種警察黨員，每因職務關
　　係，不能出席會議，從而黨員大會之出席人數，不
　　能有總額過半。

二、黨員不出席懲戒條例，甫經頒佈，於未經執行懲戒
　　以前，黨員不出席仍多。
基於以上理由，故擬請求中央暫予變通在七、八、九，
三個月內，雖不能具足丙項條件，仍准予領用補助辦公
費，俟九月以後，各區內部經過整理，然後依照決定條
例辦理，是否有當，謹代提出公決。

七月廿四日

八、香山縣黨部籌備處組織主任胡勁子報告：香山黨務
　　情形，並發生糾紛，請免去本職案。
決議：送交組織部查辦。

九、陸軍軍官學校校長蔣中正、駐校黨代表廖仲愷呈
　　報：學生張雄潮等四名潛逃，請照章開除黨籍，明
　　令通緝，請察核案。
決議：通過。

十、陸軍軍官學校校長蔣中正呈：請轉呈總理，准將軍
　　事委員及軍事訓練委員長各職，一併辭去，並舉軍
　　政部次長胡謙充軍事訓練委員長案。
決議：送交軍事委員會提出。

十一、張委員靜江辭職案。
決議：准其辭職，並致函慰問。

十二、三藩市總支部來電報告：美國苛禁實行，請設法

援助案。

決議：送交政治委員會提出。

十三、加拿大總支部來電：請另委人辦理案。

決議：函請何葆仁同志回國，並由常務委員選人前往
　　　接替。

十四、廖同志煥星提議：在歐設立通訊社，以宣傳黨
　　　義案。

決議：如下

　　1. 通知宣傳部按期照寄週刊若干份及中央通訊
　　　社稿一份。

　　2. 函知廖同志煥星，法國已有同志組織通訊
　　　社，請其聯絡。

十五、徵收所得捐員潘蓮蓀報告：粵漢路徵收捐款窒礙
　　　情形案。

決議：如下

　　1. 由常務委員起草，訓令粵漢鐵路特別區黨
　　　部，請其轉各黨員，必須遵章納所得稅。

　　2. 致函該路許總理說明。

第四十七次會議

十三年七月二十八日

到會者：胡漢民　譚平山　邵元冲　鄧澤如　汪精衛
　　　　廖仲愷　楊友棠

主席：胡漢民
常務委員：譚平山

報告事項

一、宣讀第四十六次會議紀錄。

二、克興額同志報告：抵滬籌辦蒙古宣傳計劃案。

三、法屬海洋洲大溪地分布報告：新黨所落成，並請總
　　理賜訓詞。

四、漢口大漢報函：述該報困難情形，並催匯本月
　　津貼。

討論事項

一、實業部提出：中國國民黨告實業界書草案。

決議：經將原案略加修改，並交政治委員會商務調查委
　　　員汪精衛、廖仲愷、伍朝樞三委員會同審查。

二、上海執行部電詢此次中央全體執行委員會議中央監
　　察委員應否通知赴會，有否川資，請速復案。

決議：如下

　　　1.候補委員照章應該出席。

2. 監察委員照常通知。

3. 川資照前決議辦理。

三、周覽同志等函述對於金佛郎意見書。

決議：將交付仲裁一節取銷，並將周覽、王世述、皮宗
石三同志所答復之兩書合併，由常務委員起草
宣言，下期會議提出。

四、總理發下中央監察委員會審查張秋白因控告柏文蔚
事，奉諭停止黨職黨權案，並中央監察委員會移交
本會對於與此案有關係之審查結果書。

決議：根據中央監察委員會所提出審查結果，彙齊呈請
總理決定。

五、田銘章同志函：請派員赴國外海參威、赤塔等處，
組織黨部及籌辦宣傳品案。

決議：致函莫斯科通訊處商討辦法。

六、上海大學學生電：請加推賢能赴滬辦理教務案。

決議：函復隨時物色賢能，再行派往。

七、總理發下畢靖波同志呈述：汪汲青遇難經過情形，
請酌給卹金，並懇予存案，列入黨史案。

決議：給付川資，畢君之弟俾得回鄉，其餘所請求之
件，留待查實，再定辦法。

八、海外部提出：墨黨部駐粵代表函催周雍能速啟程案。

決議：函知海外部，周同志經已啟程多日，並請轉知余
　　　和鴻同志。

九、對北京反帝國主義大同盟加以鼓勵案。

決議：由常務委員擬函鼓勵。

第四十八次會議

十三年七月三十一日

到會者：廖仲愷　汪精衛　邵元冲　譚平山　王法勤
　　　　鄧澤如　鄒　魯　柏文蔚　楊友棠　李宗黃

主席：汪精衛
常務委員：譚平山

報告事項
一、宣讀第四十七次會議紀錄。
二、上海新建設雜誌社經理韓覺民報告：開辦迄今收支概數情形。
三、緬甸仰光支部黃天照同志等報告：推定楊子貞為緬甸新報社長及進行經過情形。
四、上海大學校長于右任函：請迅速匯款濟急。

討論事項
一、汪委員起草對金佛郎案宣言。
決議：照原案通過。

中國國民黨對金佛郎案宣言
　　近據報載，北京偽政府與法國政府將根據去歲協定，以解決金佛郎案。查此案喧傳日久，已成國民注意之問題，其中是非利害，所關甚鉅，列舉如下：
　　一、自法理上觀察　辛丑合約，有「用金償付」之

規定，並有「金償」字樣，為法國政府要求付金佛郎之
理由。然一九〇五年換文，法國政府已經自己擇定依匯
兌時價付款，歷來行之未改，久成慣例，何至今日乃忽
要求付金佛郎，此在法國政府方面，已無理由足據。且
法國政府既於國內發布明令，禁止本國通貨，有金紙之
差別，是法國法律上已明明承認法國通貨金紙同等。今
於我國賠款，則必欲索取現金，而拒絕收用其本國通用
之紙幣，其於事理，尤不可通。

　　二、自財政上觀察　賠款改付金佛郎，國民之損失
若干，未可預計。蓋將來佛郎價格，誠不必絕無高漲之
事，然若照目前匯價，則金紙之差，已至四倍。未識以
何理由，而使國民增加如許之負擔。

　　三、自政治上觀察　數年以來，北京偽政府倒行逆
施，蠹國自肥，罪狀纍纍，指不勝屈。金佛郎案適予以
斂財之機會，其結果徒以延長戰禍，重苦吾民，此尤應
絕對反對者。論者或以為協定上已指定以賠款之一部
分，撥作教育經費，此於吾國有利。殊不知此一部分之
賠款，若落於北京偽政府之手，欲其還諸教育經費，又
安可得？況此僅為一部分，其他部分將何從究詰？論者
或又以為協定解決，於關稅問題有密切之關係。殊不知
金佛郎案雖如法國政府意以解決，關稅問題未必即蒙影
響。即令關稅會議因此開會，關稅特別附加稅因此增
加，而關稅根本問題為梗如故，於國民經濟無所裨益，
徒使北京偽政府攫錢益多，為惡益肆，此所謂藉寇兵齎
盜糧者也。

　　根據以上種種理由，本黨主張從根本上反對金佛郎

案，勿使北京偽政府得所憑藉，以縱其禍國殃民之欲。尤望國民知名器之不可久假，太阿之不可倒持，速以全體國民之力，鋤北京偽政府而去之，庶內政整理，而外交亦無虞叢脞。圖存之道，惟在於是。謹此宣言。

二、廖、汪、邵三委員提出工會法草案。
決議：下次提出。

三、台山縣黨部籌備處籌備員黃發文等呈報：議決八月
　　二十四日為成立縣黨部，至選舉執行委員分甲乙二
　　派主張，請示辦法案。
決議：依照總章，採用縣代表大會，選舉縣代表大會組
　　　織法，由組織部起稿，提出會議。

四、廣州特別市黨部函告：第九次常會表決，服務教育
　　機關之職員有入黨之必要，並列辦法請示祗遵案。
決議：將原案內（甲）項修改為：關於市教育局者：
　　　（一）所有該局職員，均勸令一個月內加入本
　　　黨，逾期不入者，須提出正當理由，如有決意
　　　反對本黨主義，應分別撤換停職。（二）暑期
　　　後所有市立學校校長，應以黨員為必備資格，
　　　所有職教員，應儘先聘用合格之黨員。

五、上海執行部來電：請補助全國學生代表大會及催匯
　　常款案。
決議：交會計科先匯全國學生代表大會補助八百元；執

行部經費，亦設法匯寄。

六、宣傳部提出：關於國民黨講習所聽講員修業期滿，
　　應否給予證書，及畢業後成績優良者，應否酌予派
　　任宣傳講演案。（邵委員說明）

決議：如下

　　1. 考試合格者，應給予證書。

　　2. 組織考試委員會，專任考試事宜，並推定汪
　　　　精衛、廖仲愷、邵元冲、劉蘆隱、郎醒石五
　　　　人為考試委員。

　　3. 成績優秀者，由宣傳部分別存記，派遣各地
　　　　擔任宣傳事業。

七、南洋總支部朱赤霓提出：指派陳鴻銳為英屬指導
　　員案。

決議：函知海外部函復照准。

八、加拿大總支部總幹事雷鳴夏請解釋總章案。

決議：照海外黨部組織法答復。

九、慰問沙面離職工人案。

決議：由常務委員邵元冲、工人部秘書馮菊坡、市黨部
　　　工人部馬超俊、實業部陳興漢辦理。

十、香港晨報總編輯案。

決議：如下

    1. 現任總編輯費文灼因有嗜好，通知宣傳部將
       其撤換。

    2. 以李守誠繼任總編輯。

十一、香港晨報及新聞報合併事。

決議：對新聞報暫由中央黨部補助，俟一、二個月內，
      再定辦法。

十二、致「反帝國主義大同盟」函。

決議：照原文通過。

致北京反帝國主義大同盟函

北京反帝國主義大同盟諸君鑒：

    自帝國主義發生於最近世紀，世界人類遂無寧日。少數人類挾其政治上、經濟上一時優越之勢力，向多數人類肆行侵略，國亡種滅之禍，遍於美、非、澳三洲，而漸及於亞。故知苟與之遇，非奮鬥以求生存，則惟有淪胥以歸於盡。中國政府前為滿洲所篡奪，後為北洋軍閥所竊據，其對外觀念，非淺狹愚闇的排外思想，即卑汙苟賤的媚外思想，於是帝國主義之在中國為患，遂日以加烈。當瓜分論極熾時代，國民猶有劌目怵心、欲起而救之者，及共管論代興，國民受之，反寂然若無所動；則知經濟力之亡人國家，滅人種族，較政治力為尤甚。本黨痛心疾首，日以打倒軍閥，抵抗帝國主義號召全國，所冀人心振奮，共挽危亡。何幸諸君於軍閥與帝

國主義相勾結之壓迫環境中，有此決心抵抗之大同盟，
不獨令為虎作倀之徒，喪其魂魄，亦足令磨牙吮血者，
知吾國尚有人在。臨風遙聽，欣慕何似，所望努力不
懈，以求奮鬥之成功，國種存亡，悉繫於是。敢布心
腹，惟昭鑒之。

　　　　　　　　中國國民黨中央執行委員會

第四十九次會議

十三年八月七日

到會者：汪精衛　鄧澤如　柏文蔚　楊友棠　邵元冲
　　　　王法勤　鄒　魯

主席：汪精衛
常務委員：邵元冲

報告事項

一、宣讀第四十八次會議紀錄。
二、旅德通訊處報告：舉行代表會議，改組支部舉定職
　　員案。

討論事項

一、中國國民黨忠告日本國民宣言草案。
決議：照原案通過。

中國國民黨忠告日本國民宣言

　　邇來迭據駐日華僑聯合會暨華僑團體及箇人報告：
日本自去歲震災而後，強用種種方法，實行取締華工入
境。內務省所發布之命令，對於勞働者入境之限制，已
極苛酷，而東京、橫濱、神戶、長崎、門司各海岸警
察，復將內務省命令所指之勞働者，變更其界說，擴大
其範圍，竟將廚師、理髮師、裁縫師等悉數納入，屢次
拒絕登岸，遣返歸國，或被拘留。本年三月間，神戶兵

庫縣廳外事課復訂苛例八條，關於華僑商店之店員及雇主所雇之傭人入國之際，應具身許引受書，其中規定非常嚴酷，所取締不止於華工，華商亦在限制之列。推此以往，勢必至日本境內，無華僑之足跡而後已。迭經本黨政府向日本當局據理力爭，本國各團體亦群起以謀對待。依日本當局及實業團體所解答，不外以震災為理由，並聲明所限制者，不僅華人，對於各國人亦無例外。因是蹉跎未獲解決。本黨為此有欲為日本國民忠告者：去歲震災，在日本國民，誠為非常之損失，而各國人民僑居日本者，亦同蒙其害。揆之患難相共之情，則震災以後，汲汲於排斥少數入境之外國人民，於日本國民物質的方面，為益甚微，而於各國人民感情的方面，則所損失實鉅，誠非計之得者。且此種對於勞働者之限制，雖曰不專為華工，而揆之事實，則無異專為華工而設。蓋歐美之勞働者，以習俗及工價之關係，恆不願遠至日本從事勞働。故此種限制對於歐美實為不感痛癢，所身受其害者，特華工而已。日本國民於震災之際，曾有虐殺華工情事；今又以震災為口實，禁止華工入境，則吾國人民感情的方面所受印象，當較各國人民為尤深。日本國民之僑於中國者，以勞働者佔多數，若吾國以同樣之手段為報復，未識日本國民對之又將如何？凡此皆本黨所蘄日本國民之反省者也。抑有進者，日本國民對於美國新訂移民法律，舉國一致表示反抗，豈不以人種之限制，非人道主義所宜爾。今日本以其不願受於美國者，施之於中國，即使美國不反唇相稽，而揆之己所不欲勿施於人之義，日本國民將何以自解乎？況美

國之移民法律，僅以施諸不同種不同文之國，其對於同種同文之國，初不如是。而日本之苛例，乃專以施諸同種同文之中國，寧不為美國所笑乎？日本朝野，感於美國之移民法律，方盛倡亞洲人種大團結之論，亞洲人種聞而感動，良以日本維新以來，政治學術，著著進步，實足為亞洲人種之先導。今日以前，亞洲人種對於日本所不能挾同情而反挾疑慮者，以日本恃一日之長，以凌轢同種，豆箕相煎，較異種為尤烈耳！故一聞日本將舍棄其同種相殘之政策，而努力於亞洲人種之大團結，則莫不悠然生其屬望，而中國人民為尤。然一證之日本排斥華工之事，則不能不有疑於日本所倡亞洲人種大團結之論，為有作用，或絕無誠意。故本黨以為日本國民而果欲實行亞洲人種大團結之抱負者，則不可不留意於此，毋以小而失大也。中國與日本壤地密接，歷史上精神物質之關係，至深且切，論其情誼，儼如兄弟。邇來感受人種間歧視之影響，兩國人民，方將相與努力，以謀親善。本黨認此為東亞大勢之轉機，故對於足為此轉機之阻梗者，不能不思有以消除之。故對於日本國民，進此忠告，惟明察焉。

二、汪、廖、邵三委員提出工會法草案。

決議：通過；並呈請總理以大元帥名義公布。

工會法草案及理由書

在中國今日大機械工業尚幼稚之時代，大部份之手工業工人，又多不感覺於組織團體之切要，故本草案注意之點，即首在確認勞工團體之地位；次在允許勞工團

體以較大之權利及自由；三在打破其妨礙勞工運動組織
及進行中之障礙，使勞工團體，得漸有自由之發展，
基於此種種理由，故對於本草案中，特列入十大要點
如下：

（一）承認工會與雇主團體立於對等之地位。（第
　　　三條）

（二）承認工會以言論出版及辦理教育事業之自由。
　　　（第四條）

（三）承認工會對雇主團體契約權。（第十條第三款）

（四）承認工會對於與雇主爭執事件發生時，有要求
　　　雇主開聯席會議仲裁之權，並得請求主管行政
　　　官廳派員調查及仲裁。（第十條第十款）

（五）承認工會之罷工權。（第十四條）

（六）承認工會對雇主方面有參與規定工作時間，及
　　　改良工作狀況，與工場衛生之權。（第十五條）

（七）行政官廳對於非公用事業（草案中所指之公用事
　　　業，係指一切有關於日用交通，如電燈、電話、
　　　煤氣、自來水、電車、鐵道、航船等而言）之雇
　　　主或工人間衝突，只任調查及仲裁，不執行強制
　　　判決，以養成工會自動之能力。（第十六條）

（八）予工會以公共財產之保障。（第十七、十八條）

（九）特別聲明對於刑律及違警律中所禁止之聚眾集
　　　會等條文，不得適用於工會法，以免法院警廳
　　　之比附，而妨礙工會之進行。（第二十條）

（十）工會以產業組織為主，但中國大部分之工業仍
　　　係手工業。故職業組織亦未絕對廢止，以求事

實上之適用。（第六條）

以上規定各點，係按工會法上必要之條件，參以中國工業實際之情形，以期得適合之應用與實施。

註：呈請總理以大元帥名義公布。

工會法草案

第一條　凡年齡在十六歲以上同一職業或產業之腦力或體力之男女勞動者，家庭及公共機關之雇傭，學校教師職員，政府機關事務員，集合同一業務之人數，在五十人以上者，得適用本法組織工會。

第二條　工會為「法人」，工會會員私人之對外行為，工會不負連帶之責任。

第三條　工會與雇主團體立於對等之地位，於必要時，得開聯席會議，計劃增進工人之地位，及改良工作狀況，討論及解決雙方之糾紛或衝突事件。

第四條　工會在其範圍以內，有言論、出版及辦理教育事業之自由。

第五條　工會組織之區域範圍，如有超過現行之行政區域者，須呈請高級行政官廳指定管轄機關。

第六條　工會以產業組織為主，但因特殊之情形，經多數會員之同意，亦得設職業組織。

已設立之同一性質之工會，有兩個或兩個以上者，應組織工會聯合會，以謀聯合或改組。

工會或工會聯合會，得與別省或外國同性質

之團體聯合或結合。

第七條　發起組織工會者，須由從事於同一之業務者五十人以上之連署，提出註冊請求書，並附具章程及職員履歷各二份，於地方官廳請求註冊。註冊之管轄為縣公署或市政廳。

未經呈請註冊之工人團體，不得享有本法所規定之權利及保障。

第八條　工會之章程內，須載明下列各款：

一、名稱及業務之性質；

二、目的及職務；

三、區域及所在地；

四、職員之名稱、職權及選任、解任之規定；

五、會議組織及投票之方法；

六、經費徵收額及徵收之方法；

七、會員之資格及其權利、義務。

第九條　工會每六個月應將下列各項造具統計表冊，報告於主管之地方行政官廳。

一、職員之姓名及履歷；

二、會員之姓名、人數、加入年月、就業處所，及其就業失業、變更職務、移動死亡、傷害之狀況；

三、財產狀況；

四、事業經營成績；

五、有無罷工或別種衝突事件，及其事實之經過或結果。

第十條　工會之職務如左：

一、主張並擁護會員間之利益；

二、會員之職業介紹；

三、與雇主締結團體契約；

四、為會員之便利或利益而組織之合作銀行、儲蓄機關及勞動保險；

五、為會員之娛樂而組織之各項娛樂事務、會員懇親會及俱樂部；

六、為會員之便利或利益而組織之生產、消費、購買住宅等各種合作社；

七、為增進會員之知識技能，而組織之各項職業教育、通俗教育、勞工教育、講習班、研究所、圖書館及其他定期不定期之出版物；

八、為救濟會員而組織之醫院或診治所；

九、調解會員間之糾紛；

十、關於工會或工會會員對雇主之爭執及衝突事件，得對於當事者發表並徵集意見，或聯合會員作一致之行動，或與雇主之代表開聯席會議執行仲裁，或請求雇主方面共推第三者參加主持仲裁，或請求主管行政官廳派員調查及仲裁；

十一、對於有關工業或勞工法制之規定、修改、廢止等事項，得陳述其意見，於行政官廳、法院及議會，並答復行政官廳、法院及議會之諮詢；

十二、調查並編製一切勞工經濟狀況，及同業間之

就業失業，暨一般生計狀況之統計及報告；

十三、 其他種種之有關於增進會員之利益，改良工
作狀況，增進會員生活及知識之事業。

第十一條 工會職員由工會會員按照本工會選舉法選出
之職員充任之。對外代表本會，對會員負其
責任。

第十二條 工會會員無等級之差別，但對於會費之收
入，得按照會員之收入額而定徵收之標準。
會員對工會負擔之經常費，其額不得超過該
會員收入百分之五，但特別基金及為會員利
益之臨時募集金或股份，不在此限。

第十三條 工會會員，於必要時得選派代表審核工會簿
記，並調查財政狀況。

第十四條 工會在必要時，得根據會員之多數決議，宣
告罷工。但不得妨害公共秩序之安寧，或加
危害於他人之生命財產。

第十五條 工會對於會員工作時間之規定，工作狀況
及工場衛生事務之增進及改良，得對雇主
陳述其意見，或選出代表與雇主方面之代
表組織聯席會議，討論及解決之。

第十六條 行政官廳對於管轄區域內之工會，對雇主
間發生爭執或衝突時，得調查其衝突之原
因，並執行仲裁，但不為強制執行。
關於公用事業之工人團體與雇主衝突狀況
擴大或延長時，行政官廳經過公平審慎之
調查及仲裁手續以後，如雙方仍相持不下

者，得執行強制判決。

第十七條　工會中關於擁護會員利益之基金、勞動保險金、會員儲金等之存貯於銀行者，該銀行破產時，此類存款得有要求優先賠償之權利。

第十八條　工會及工會所管理之下列各項財產，不得沒收。

一、會所、學校、圖書館、俱樂部、醫院、診治所，以及關於生產、消費、住宅購買等各項合作事業之動產及不動產。

二、關於擁護會員利益之基金、勞動保險金、會員儲金等。

第十九條　關於本法第八條、第九條之事項，工會發起人及職員之呈報不實不盡，或个呈報者，該主管之行政官廳，得命令其據實呈報或補報。在未據實呈報或補報以前，該工會之行動，不受本法之保障。

第二十條　凡刑律、違警律中所限制之聚眾集會等條文，不適用於本法。

第二一條　本法自公布口施行。

三、香港聯義社幹事梁日青函陳：關於大光報所登載言論，對於本黨有無妨礙，請示復案。

決議：

1. 覆函稱本會已有訓令。

2. 通告各黨部並在週刊上聲明，大光報並非本黨所辦。

四、海康留省學會暨農工紳商代表韓盈，為廣州灣法政
　　府捕禁雷籍學生事，請求提出交涉案。

決議：轉外交部辦理。

五、修正中國國民黨廣東省警衛軍黨團組織法案。

決議：照辦。

六、陸軍軍官學校特別區黨部學生熊敦，因思想變更，
　　與本黨主義不容，由該管區分部開除黨籍，請核
　　示案。

決議：照辦。

七、徐蘇中同志提出：常務委員彭素民病歿擬卹案。

決議：呈請總理。

　　　1. 週刊宣布事蹟，備黨史採擇。

　　　2. 由總理核發一次卹金。

　　　3. 由本會經常補助並商定醵資辦法。

八、湖北臨時執行委員會轉來秦怡君（許白昊同志夫
　　人）請求發給白昊數月薪資案。

決議：已有卹款交滬部轉達，且來信不明，照復函。

九、海外部提出：萬隆分部函陳黨費印花，與居留政府
　　法律抵觸，請變更案。

決議：交海外部復南洋總支部照辦。

十、廖冰筠同志提出：本省教育會開懇親會時，擬提出
　　關於本黨宣傳主義案。

決議：無須討論表決，屆時派員出席宣布。

十一、廖冰筠同志提出：呈請大元帥明令將三民主義編
　　　為專書，頒發各學校定為課程案。

決議：俟總理將民生主義講完再議。

十二、工人部提出：公安局取締工人糾察隊，應如何辦
　　　理案。

決議：

　　　1. 告公安局慎重辦理，俟工會法公布後根據
　　　　 執行。

　　　2. 復函工人部，以此意轉告廣州市工人代表會
　　　　 執行委員會。

十三、北京民生週刊社報告經過情形，請擴充預算，保
　　　持獨立辦理，希核奪示遵案。

決議：

　　　1. 保持獨立照辦。

　　　2. 經費擴充大體通過，預算再付審查。

十四、廣州市黨部開列預算及職員姓名俸額表，請撥款
　　　維持，萬難核減，並轉呈總理，如數指撥案。

決議：交常務委員會審查核復。

十五、婦女部長曾醒函請辭職案。

決議：准許辭職，以廖冰筠補。

十六、湖南省黨部函：請將追加開辦費及各月常費匯
　　　湘，並預支三個月，以資挹注案。

決議：交常務委員辦理。

十七、組織部提出：縣代表大會組織法案。

決議：通過。

十八、北京黨員鄒德高等創辦大中公學請每月補助常費
　　　五百元，以資提倡而利進行案。

決議：請邵元冲、鄒魯、王法勤三委員審查。

十九、駐墨支部請求恢復黃觀玲黨籍案。

決議：轉中央監察委員會辦理。

二十、上海大學于校長右任請電匯常月費及臨時費以解
　　　倒懸案。

決議：交會計科辦理。

縣代表大會組織法案

第一條　依據本黨總章第七章第五十一條規定，縣代
　　　　表大會有選舉縣執行委員會候補委員之權。

第二條　出席於縣代表大會之代表，由全縣各區分部
　　　　選舉之。

第三條　每個區分部有黨員十人者，得選舉代表一人，黨員超過十人以上者，其代表人數按比例增加，但區分部黨員未滿十人者，亦得選舉代表一人。

第四條　未加入區分部之黨員，不論集合人數多少，皆不得選舉代表。

第五條　召集縣代表大會之日期，由縣黨部籌備處預定之，事前通告各區黨部轉知各區分部，定期選舉。

第五十次會議

十三年八月十一日

到會者：胡漢民　邵元冲　鄒　魯　張秋白　王法勤
　　　　覃　振　張　繼　瞿秋白　鄧澤如　譚平山
　　　　柏文蔚

主席：胡漢民
常務委員：譚平山

報告事項

一、宣讀第四十九次會議紀錄。

二、上海執行部來電：報告張委員溥泉等九人分乘新昌
　　興船來粵赴會。

三、大本營秘書處函：謂經奉總理命，准予開復張秋白
　　等五人黨籍黨權。

四、廣州特別市執行委員會函復：關於廣州民國日報事
　　辦理情形，並請轉呈總理察核。

五、譚平山報告：赴香山出席縣黨部各區分部聯席會
　　議，及前往參與香山第九區民團成立開幕禮情形。

討論事項

一、秘書處提出：中央全體委員大會，請指定會議日期
　　時間及地點案。

決議：日期定八月十五日開始，會議時間為每日下午七
　　　時。地點在大本營，每日下午六時三十分在東

堤陸軍軍官學校籌備處集合。

二、宣傳部代理部長劉蘆隱函請催戴部長到部辦事案。

決議：請戴委員季陶回任宣傳部部長原職。

三、秘書處提出：請補選農民部部長案。

決議：推李章達同志任農民部部長，並呈候總理核定。

四、粵鐵路特別區常務委員楊章甫呈：為屬部黨員違背
　　紀律，異常糾紛，請予嚴加懲治案。

　　附一、同黨部第四區分部委員廖玉堂函：請派員徹
　　　　　底查辦，假借第二區分部印信，通告召集
　　　　　開大會之人。

　　附二、同黨部第五區分部委員歐生呈：為聲明否認
　　　　　本區黨部昨日開會議決案，並懇請查辦。

　　附三、同黨部第六區分部執行委員會呈：為分部員
　　　　　司舞弊，開會違法，經工界同志表決，否
　　　　　認該案，並請求查辦。

　　附四、同黨部第七區分部執行委員會報告：黨員舞
　　　　　弊，請派員徹底查辦。

　　附五、同黨部第三區分部潘楚珩呈報黨員舞弊，並
　　　　　謂該黨員開會提議之案，始終絕不與聞，
　　　　　以後有何影響，概不負責。

決議：彙交工人部、組織部會同查辦。

五、黃右公同志報告：香江晨報經濟困難情形，及節減

辦法案。

決議：照原案通過。

六、上海黨員郭祖賁等建議：請勿將漢口執行部由滬兼
　　辦，並責成覃、張二委員仍舊負責案。

決議：將原案保留，俟黨部經費充裕時，再行辦理。

七、順德第五區黨部執行委員會梁次狂等函稱：籌備
　　員張寶南、梁達生，偽用全體名義，通電挽留周之
　　貞案。

決議：交中央監察委員會辦理。

八、婦女部廖冰筠函請辭職，另選賢能接替案。

決議：不准辭職。

第五十一次會議

十三年八月十四日

到會者：汪精衛　瞿秋白　沈定一　鄒　魯　譚平山
　　　　白雲梯　丁惟汾　胡漢民　鄧澤如　廖仲愷
　　　　邵元冲　張　繼　楊友棠　韓麟符　于方舟
　　　　王法勤　于樹德　李宗黃　恩克巴圖

主席：胡漢民
常務委員：譚平山

報告事項

一、宣讀第五十次會議紀錄。

二、丁委員惟汾報告：北京特別區市黨部選舉結果，及
　　直魯豫晉熱綏蒙甘黨務進行狀況案。

三、廖委員仲愷函覆：令行教育廳嚴定教職員入黨辦
　　法案。

四、海外部提出：南洋總支部第一次報告案。

討論事項

一、丁委員惟汾等請補助青島膠澳中學經費案。

決議：每月補助青島膠澳中學經費三百元，由省署按期
　　　撥送本會匯寄。

二、中央監察委員會關於劉芬等彈劾雷大同等謀傾覆本
　　黨審查報告案。

決議：移送中央執行委員全體會議辦理。

三、海外部提出：日本東京支部，請先匯經常費三個
　　月，俾利黨務進行案。

決議：補助東京黨部，照案通過，交會計科體察財政狀
　　　　況辦理，先匯三個月。否決由海外部函詢，何
　　　　日開始成立。

四、海外部提出：古巴支部電請派專員組織總支部案。

決議：交海外部擬定辦法，再行提出。

五、秘書處提出：維持彭委員素民家族給養經常費，議
　　　定數目及辦法，呈候總理核奪案。

決議：由本月起，每月撫金一百元，至其子女成人能負
　　　　擔家庭生計時止。

六、秘書處提出：全國學生第六屆代表大會電請速籌
　　　三千元匯滬案。

決議：

　　1. 照數匯寄上海執行部青年部轉。

　　2. 交廖委員酌量財政情形籌匯。

七、廣西黨員代表徐天放等請示桂黨部辦法案。

決議：交廣西臨時省黨部籌備處辦理。

八、王同志純長呈述有功黨務乞賜維持案。

決議：取消。

九、祕魯利馬支部部長劉林等函呈：陳信棠破壞黨務，
　　乞賜核施行案。

決議：致函粵軍許總司令、廖省長拿辦。

十、安徽黨員宋少俠呈請酌給川資以便回籍案。

決議：取消。

十一、全體會議期中常會應否開會案。

決議：在全體會議期中，中央執行委員會停止開會。

十二、宣傳部部長戴季陶赴滬，請推員繼任案。

決議：推汪委員精衛繼任宣傳部部長，原任實業部部
　　　長，推甘乃光同志代理。

十三、婦女部部長廖冰筠辭職，請推員繼任案。

決議：推何香凝同志代理。

第五十二次會議

十三年九月一日

到會者：鄒　魯　瞿秋白　王法勤　白雲梯　丁惟汾
　　　　鄧澤如　柏文蔚　譚平山　恩克巴圖

主席：鄒　魯
常務委員：譚平山

報告事項

一、海外部提出：古巴支部部長蔣北斗辭職回國，經眾
　　表決，部務由副部長高發明執行案。

二、海外報告：組織員劉侯武呈報安南黨務改組成立經
　　過情形案。

三、黨立貧民生產醫院何香凝報告：開辦經過情形及統
　　計表案。

四、汪委員精衛因足疾未痊請假三天。

討論事項

一、廣州市第十區黨部卓永福，擬具組織黨團軍章程，
　　以鞏固革命政府案。

決議：是否應設立，送交軍事委員會審查。

二、海外部提出：厄瓜多惠夜基埠分部呈請電厄政府提
　　出國際交涉，保護黨務案。

決議：代轉外交部辦理。

三、山西黨員劉景新呈請委派前往歸綏，宣傳黨義，請
　　公決施行案。

決議：交北京執行部辦理。

四、海外部提出：駐德支部夏委員秀峯，呈請每月補助
　　黨費一百元，應否照准，請付表決案。

決議：查照東京支部辦法辦理。

五、海外部擬定：古巴支部電請派專員組織總支部辦
　　法案。

決議：照海外部所擬定辦理，先具函與該支部磋商。

六、廖委員仲愷函覆：陸軍軍官學校，應如何派委會計
　　以司出納案。

決議：由廖委員仲愷提出相當人選，交本會承認。

七、宣傳部報告：香江晨報更調編輯，及經費無著，亟
　　請籌定的款二千元，維持現狀案。

決議：請廖委員仲愷籌付。

八、海外部提出：暹羅支部黨務遲滯，應如何督促及補
　　救案。

決議：送回海外部擬定辦法。

九、海外部擬定：全墨同志第三屆懇親大會祝詞，請公
　　決案。
決議：交常務委員辦理。

十、邵元冲委員赴滬，應否派人代理案。
決議：鄒委員魯代理。

十一、全體會議所決定之訓令及最後兩次會議錄，當由
　　　秘書處於三日內印就，並交週刊發表案。
決議：由覃委員振、丁委員惟汾，會同秘書處辦理。

十二、全體會議所移交之各案，當在以後常會儘先討
　　　論案。
決議：通過。

十三、廖委員仲愷函稱：中央黨部名義發出勸導商人
　　　傳單，請追認案。
決議：通過承認。

十四、柏委員文蔚提議：請追贈范光啟為陸軍上將，
　　　並給葬費，及附葬朱園案。
決議：如下
　　　1. 追贈上將及給葬費二事，由本會代請政府
　　　　辦理。
　　　2. 附葬朱園事，由本會致函上海執行部磋商
　　　　辦法。

十五、鄒委員魯提出：應分別催促庚子賠款作教育經
　　　費案。

決議：照辦。

十六、譚委員平山報告：各區黨部組織代表會案。

決議：准其設立。但非經中央黨部許可，不得對外發表
　　　意見。

十七、張委員秋白來函辭職案。

決議：覆函不准。

第五十三次會議

十三年九月八日

到會者：柏文蔚　王法勤　丁惟汾　譚平山　白雲梯
　　　　鄧澤如

主席：柏文蔚
常務委員：譚平山

報告事項
一、宣讀第五十二次會議紀錄。
二、海員特別區第一區分部何星報告六月份工作。

討論事項
一、發起廣東反帝國主義大聯盟會議案。（鄒委員魯
　　提出）
決議：反帝國主義大聯盟，經於「九七」國恥紀念大
　　　會提出，由十二個團體籌備，現應將該提案內
　　　提案之件分別修改，由本會通告各黨部轉各同
　　　志，在該大聯盟內，依據提案積極活動。茲將
　　　提案之件，照錄如下：
　　　1.實行收回旅大。
　　　2.實行收回威海衛。
　　　3.實行收回廣州灣。
　　　4.收回各省區所有租借地。
　　　5.收回關稅。

6. 廢除一切不平等條約。

7. 批駁一切侵略歷史的罪惡。

8. 將各國對華之一切不平等條約，加以解釋批駁。

9. 懲治勾結帝國主義之漢奸。

10. 防禦北京公使團侵略的陰謀。

11. 聯絡東方被壓迫民族。

12. 聯絡歐洲被壓迫民族。

13. 聯合各地反帝國主義大聯盟。

二、沈委員定一提出：勞動運動決議案草案。

決議：交工人部、農民部會同審查，再行提出。

三、解決工人工資及工人教育問題案。（鄒委員魯
　　提出）

決議：俟鄒委員出席再付討論。

四、于委員樹德提出：重申本黨紀律決議案。

決議：照所提案分別訓令，重申紀律，即關於第一、
　　　二、三等項，由宣傳部訓令各有關係之報，關
　　　於第四項，由工人部訓令各關係人。

重申本黨紀律決議案

　　本黨努力革命三十餘年，雖曾顛覆滿清政府，締造
中華民國，然名存而實亡。北洋軍閥之潛竊政權，賣國
罔民，更加甚焉；而帝國主義者之百端侵略，直陷我國
於半殖民地境遇。吾黨雖奮鬥數十年，犧牲若干鐵血，

然以向無嚴密之組織，及正確之紀律，散漫游離，各事其事，黨員意志不能一致，而革命力量不能集中，馴至墮落背叛者，比比皆是。故不得不改絃更張，務求組織之運用，能適合於革命之進行；紀律之嚴明，能有助於主義之實現。於本年第一次全國代表大會，曾根據本黨總理所倡三民主義，釐訂新章，發布宣言及政綱，更申明紀律，俾各恪遵。

自大會以來，至今已七月有奇，黨員中恪遵章程、宣言及政綱者，固居多數，而黨員中其黨外之言論行動，以及服務本黨政府者之行為，踰越此軌範者，亦實繁有徒，如不重申紀律，俾各切實遵守勿違，則將無以厚集吾黨革命之勢力，而齊吾黨革命之步趨。用是此次中央執行會全體會議，特再鄭重聲明，嗣後如再有違反章程、宣言及政綱之言論行動，當即加以嚴重制裁，並望監察委員之檢查、舉發，亦不應再有所寬假。茲舉二、三例，以示其準繩。

一、凡本黨機關日報、雜誌，及受本黨津貼之日報、雜誌，不得有違反本黨章程、宣言及政綱之言論。但黨外通信，而屬於討論性質者，不在此限。（如上海民國日報，曾有中國並不侵犯外國人既得之權利之論調，此顯與本黨政綱「廢棄一切不平等條約」相反。又如同報曾登載一論文解釋庚子賠款應用於教育之理由，竟謂庚子之亂，其原因「在於中國人民之無教育，故當以此款教育民眾，勿使暴亂。」措詞之間，殊多不慎，彷彿本黨之主張，在於預備反抗外國之行為，實則庚子之亂，其反抗外國侵略，確係民族主義之精神，未可厚

非，其不足者，只在其反抗手段之謬誤耳。）

二、凡本黨機關日報、雜誌，及受本黨津貼之日報、雜誌，不得無故拒絕表同情於本黨章程、宣言、政綱者之文電。（如最近上海各社會團體發起反帝國主義之廢約運動，民國日報對於此項文電，往往拒絕登載。）

三、凡本黨機關日報、雜誌，及受本黨津貼之日報、雜誌，不得發表本黨內部尚未解決之議案或問題。（如此次共產派問題發生，本黨尚未解決，而外間已宣傳殆遍，此在與本黨無關係之報紙，不在本黨管轄之範圍，本黨固無如之何，而在本黨機關報受津貼之規則，絕對不許其妄加批評，以淆惑黨員之聽聞也。）

四、凡服務於本黨政府之黨員，實施其職權時，不可違背本黨章程、宣言及政綱。（如順德縣長周之貞（曾任本黨分部長）不但不批准農團軍，且拘捕農民領袖，罪以擅立農會。又如廣寧縣長李某（亦曾任本黨分部長）竟煽動土匪所組織之民團，摧殘農民協會，聲言不承認中央執行委員會，省長之電飭亦復置之不理。又廣州兵工廠廠長馬超俊，身為廣州市工人部部長，該廠護廠隊毆斃工人，不但不保護工人，反壓迫之，以致引起罷工；又該廠工人欲組織俱樂部，伊反指為敗類陰謀破壞，藉端開革熱心分子張某。其餘如粵漢鐵路局長許崇灝，亦復壓迫工人，並紊亂其區黨部之組織。公安局長吳鐵城，出示禁止阻礙酒業工會對於商團之合法行動。市長孫科命警備隊毆打轎夫之請願者，又梗阻轎夫加入國民黨。）

五、凡本黨既經決議之案，黨員須絕對服從。

五、軍官學校蔣校長中正造報預算，請指定機關撥款案。

決議：下次再議。

六、奉天孟文等自行推舉籌備員，及進行黨務請核覆案。

決議：核准。

七、總理發議：戒責廣州民國日報妄稱軍政府案。

決議：遵諭由本會訓令戒責。

八、上海大學請增加津貼案。（于委員右任提出）

決議：下次再議。

九、各區黨部代表會呈報組織大綱，請核准案。

決議：照原案通過。

各區黨部全權代表會組織大綱

第一條　本會為應付時局，在本黨總理及中央黨部指
　　　　揮之下，而為黨務活動之臨時組織機關。

第二條　本會由各區黨部之各區分部執行委員聯席
　　　　會議所選出之全權代表組織之。

第三條　本會地點暫時附設於中央黨部。

第四條　互選常務委員三人，辦理日常會務。

第五條　每星期二、四、六日下午二時，為本會常
　　　　務會議時間。如遇特別事故，由常務委員

臨時召集之。

第六條　連續三次不出席者，取消其代表資格，並由本會函請該區依法另選。

第七條　於必要時得設立特種委員會

第八條　會議主席，臨時推定之。

第九條　本會會議，中央黨部得派員出席，但無表決權。

第十條　本組織大綱，如遇必要修改時，由本會隨時酌改之。

第十一條　本組織大綱，經本黨總理及中央黨部核准施行。

各區黨部全權代表名單

第一區黨部	阮嘯仙
第二區黨部	毛誦芬
第三區黨部	劉兆榮
第四區黨部	（未定）
第五區黨部	呂國治
第六區黨部	郭淵谷
第七區黨部	何仿泉
第八區黨部	廖雲翔
第九區黨部	曾子嚴
第十區黨部	容漢輝
第十一區黨部	梁仁甫
第十二區黨部	董　維
第十三區黨部	賴炎光

粵漢鐵路特別區黨部　　盧　枝

軍官學校特別區黨部　　何應欽

兵工廠特別區分部　　　馮次庭

海員工會特別區黨部　　（未定）

十、第十四區全體黨員請改為特別區案。

決議：照准。

十一、中央監察委員會報告：劉芬彈劾雷大同謀傾本黨
　　　之分部撤消案。

決議：不付討論。

十二、王委員法勤提出：北京執行部經費問題案。

決議：由本會轉商廖委員仲愷，於最近時間籌足三千
　　　元，交王法勤、丁惟汾二委員帶返北京，維持
　　　現狀。

十三、海員特別區黨部鄺達生、范昌遠函請辭職。

決議：准其辭職。但必須開會改過，或覓代理人，必俟
　　　接替有人，方能辭職。

第五十四次會議

十三年九月十一日

到會者：鄒　魯　王法勤　白雲梯　丁惟汾　瞿秋白
　　　　廖仲愷　譚平山

主席：鄒　魯
常務委員：譚平山

報告事項
一、宣讀第五十三次會議紀錄
二、上海執行部報告五、六月份工作情形案。
三、九月十一日浙江盧永祥通電。
四、大本營函復：議決撫卹彭故委員素民遺族給養數目
　　及辦法案，奉諭照准。

討論事項
一、汪委員精衛提議：請追認反對承認金法郎案通電。
決議：准予承認。

二、組織部提出：東莞縣黨部設置計畫案。
決議：照案通過，並先組織虎門市黨部。

三、廖委員仲愷提出：廣州市黨預算，請公決案。
決議：由常務委員審查核定數目，函知市黨部自籌，如
　　　仍不能籌足，則由市黨部再行核減。

四、軍官學校蔣校長中正造報預算，請指定機關撥款案。

決議：代呈請總理指定。

五、組織部提出：請正式規定市縣黨部執行委員、候補
　　執行委員、監察委員、候補監察委員人數案。

決議：市縣黨部執行委員五人至七人，候補執行委員
　　　二人，監察委員一人，候補監察委員一人。

六、鄒委員魯提出：解決工人工資及工人教育問題案。

決議：提案人先行撤回。

七、青年部請設廣大特別區黨部案。

決議：照准。

八、海外部提出：對付雪蘭峨支部職員叛黨辦法，並公
　　安局函報叛黨姓名案。

決議如下：將該支部所有職員正式開除黨籍，並函知
　　　　省署下令通緝。

九、工人部組織報告：查辦粵漢鐵路特別區黨部糾紛案。

決議：交中央監察委員會。

十、海外部提出：審定暹羅瓊島會所呈報改組支部，請
　　立案，應予照准案。

決議：與定章不符，不准設立。

十一、于委員右任提出：上海大學增加津貼案。

決議：現在黨部經費尚未充裕，不能增加。

十二、東京支部報告黨務情形案，並提案四種。

（甲）支部成立紀念冊，呈請中央撥款在粵印刷案。

決議：交宣傳部審核辦理，所需印刷費，由會計科給付。

（乙）黨部經費預算，呈請中央賜予核准，迅即匯銀來
　　　東案。

決議：已通過在前，現催促會計科照匯。

（丙）發刊黨機關報，每月需費，呈請中央核准，籌撥
　　　經費補助案。

決議：交廖委員仲愷，審察財政情形辦理。

（丁）募捐創立黨所，呈請中央核准舉辦案。

決議：暫行緩辦。

十三、上海金銀工人互助會函詢盲之言論案。

決議：盲之言論，不能代表本黨意見，並交常務委員
　　　擬覆。

十四、柏委員文蔚函請酌給范烈士光啟遺眷返滬川
　　　資案。

決議：發給一百元。

十五、各區全權代表會呈：請規定特別費，及指定支付
　　　機關案。

決議：如有需要時，由中央黨部核准發給。

十六、上海執行部函報漢口部歸併後，請發第一個月經
　　　費並繳預算案。

十七、湖北省黨部呈繳預算，請發經費以利進行案。

決議：以上兩案，依據九月十日政治委員會議決案第
　　　一項「各地方黨部非有特別工作，中央概不津
　　　貼經費」答覆之，以後關於各地方黨部之經費
　　　案，一律根據此案答覆。

十八、合浦分部長曾廣玉，請委宋以梅為欽廉黨務籌備
　　　員案。

決議：交常務委員核辦。

十九、中央監察委員會報告：黨員胡霖、戴偉等互控各
　　　案准予撤消案。

決議：准予撤消。

二十、農民部長李章達因病請假七日案。

決議：不准。

二一、納卯支部函請慶祝雙十大會惠賜嘉言以為紀
　　　念案。

決議：登週刊代為徵文。

第五十五次會議

十三年九月十五日

到會者：胡漢民　譚平山　丁惟汾　林祖涵　王法勤
　　　　鄒　魯　白雲梯

主席：胡漢民
常務委員：譚平山

報告事項

一、宣讀第五十四次會議紀錄。

二、北京來電：請段、張介紹石、李二同志磋商時局重
　　要問題案。

三、瓊崖旅邅工學互助團函報：陳廉伯懇海外接濟款
　　項，宜籌對付方法，勿為調和之說所誤案。

四、順德縣黨部籌備處李民智等函呈第二期決算，請將
　　墊款發還案。

五、黨立貧民生產醫院報告：六、七月生產成績案。

六、柏委員文蔚報告：已隨帥座出發，請告假案。

討論事項

一、組織部提出：省代表大會組織大綱案。

決議：照原案通過。

省代表大會組織大綱

十三年九月十五日一屆五五次中執會通過

第一條　依據本黨總章第六章第四十二條之規定，省

代表大會有選舉省執行委員與監察委員及決定本省黨務進行方法之權。

第二條　出席於省代表大會之代表，由全省各縣或市黨部選派之。

第三條　每個縣或市黨部有黨員五十人者，得選舉代表一人，黨員超過五十人以上者，其代表人數按比例增加。但縣或市黨部黨員未滿五十人者，亦得選舉代表一人。

第四條　已設立籌備處而未正式成立市或縣黨部之區黨部、區分部，及未設立籌備處、暫歸中央黨部管轄之區黨部及區分部，皆得按照其黨員人數選派代表。

第五條　中央黨部及廣州特別市黨部皆得派遣代表出席，但無表決權。代表之人數，中央黨部及市黨部皆定為三人。

第六條　未曾在任何一區分部登記之黨員，無論人數多少，皆不得當選代表。

第七條　召集市或縣代表大會之日期，在省黨部未成立之時，由中央執行委員會預定之。

二、劉蔚如等函：請恢復漢口執行部案。

決議：將前兩次決議案：「即（一）取銷漢口執行部歸滬執行部管理案；（二）漢口執行部暫行保留案」答覆。

三、汪委員精衛起草致函海外同志請追認案。

決議：承認。

四、胡委員漢民、汪委員精衛提出：確定本會經費案。

決議：通過；此案成立，並推定汪精衛、廖仲愷、鄒魯三委員組織委員會，辦理此事。

五、清遠縣黨部函：請轉函省署令飭縣長籌款接濟案。

決議：准適用勸捐方式，不能以長官命令出之，此案不能通過。

六、香江晨報案。

決議：仍繼續辦理，暫籌目前維持費，俟將來再定方式維持。

七、順德縣黨部籌備處呈報選舉情形案。

決議：執行委員決定七人，其餘各種委員照決議案辦理而當選者，均依票數之多寡為斷。

八、政治委員會提出決議案如下：

　　（1）各地方黨部非有特別工作，中央概不津貼經費。

　　（2）「秘密」，丁惟汾、王法勤兩同志返京後，即召集民黨議員開會。

　　（3）「秘密」，民黨議員開會時，公布政治委員會之訓令。關於民黨議員之職任及其行為之

標準，組織民黨議員在國會之黨團，公推一
秘書直接與政治委員會通消息，接受一切訓
令。該黨團並辦一機關報，發表一切關於政
治之意見。

決議：一、二、三，三項俱照原案通過。但第二、第
　　　三兩項須守秘密，第三項訓令，用中央執行委
　　　員會名義公布之。

第五十六次會議

十三年十月二十日

到會者：鄒　魯　汪精衛　胡漢民　廖仲愷　譚平山
　　　　邵元冲　劉震寰

主席：胡漢民
常務委員：譚平山

報告事項

一、宣讀第五十五次會議紀錄。

二、駐墨支部通告：懇親大會議決建樓辦法案。

三、香山縣黨部籌備處秘書何君碩報告：選舉執行及監察委員案。

四、廣州市第五區黨部第五區分部報告：選舉大會情形案。

五、譚委員平山先後報告：請假赴韶組織各軍黨團案。

六、芳村區分部報告：組織成立及選舉情形案。

七、旅法各團體聯合會解散宣言及赴會名單。

八、香山縣黨部籌備員黃彌謙請辭籌備職務案。

九、廣寧縣黨部周其鑑等報告：土豪劣紳督毀農會情形，及此後進行程序案。

十、廣寧縣黨部周其鑑報告：設立籌備委員會及舉出委員案。

十一、農民部特派員陳伯忠報告：廣寧農會成立日期及選舉該會委員案。

十二、香山縣黨部監察委員會報告：籌備完竣及選舉情
　　　形案。

討論事項

一、秘書處提出：請追認發表敬告廣州市民宣言案。

決議：通過承認。

中國國民黨對廣州罷市事件宣言

民國十三年八月廿九日

　　連日以來，廣州一部分商民運動罷市，本黨對國民
各種運動，均有指導矯正之責任，爰舉所見，為黨員
告，且為國民告，俾知所從事焉。廣州商民對於罷市運
動，其心理之灼然可見者如左：

　　（一）堅決為罷市之主張者。

　　（二）堅決為不罷市之主張者。

　　（三）對於罷市與否本無主張，但牢守其「有千年
街坊無千年政府」之格言，俯仰隨人，在罷市之環境
中，則隨罷市，在不罷市之環境中，則不罷市。

　　（四）本不主張罷市，但為罷市運動所脅迫，不得
已而為之。例如某公司因開業之故，為人提取儲金，
懼而停業。某茶居因開業之故，為人糾眾滋擾，懼而
停業。

　　以上四種，以第三、第四兩種為最大多數。商民對
於國事無研究無主張，乃至對於切近本身利害之事，亦
復持此態度，深為可慨。對於此兩種心理，惟有促其覺
悟一己與社會之關係，因而以漸增進其決心與勇氣。

　　第二種堅決為反對罷市之主張，在商民中為次多數，證之河南全體反對罷市，及廣州東南北馬路街市之商店，較罷市者為多，可以概見。其反對罷市之理由如左：

　　（一）灼知商團中有少數敗類，如陳廉伯、陳受恭其人及其黨羽，有破壞政府之陰謀，故反對此陰謀，而同情於政府。

　　（二）即以上陰謀尚無所知，而就於此次輸運軍械事件，據政府所宣布，則此入口之軍械手續不合，固無待言。時日不符，槍式各異，更茲疑竇，而藉端漁利，黑幕又在在發覺。商團對於以上各點，雖有答辯，而無理由，陳廉伯致許崇灝書尤不能掩其作偽之形跡，故對於政府扣留查辦認為當然。

　　（三）即使認商團之答辯為有理由，然政府當查辦期內，尚未解決，即不能即出於要挾政府之行動。

　　據此，則商民中有堅決為不罷市之主張者，其理由至為正當，宜與以贊助，使其普遍。顧此次堅決為不罷市之主張者，於理論一方面固為明澈，而於實行一方面則尚不免於薄弱。既無猛勇貫徹其所主張之志氣，亦無與反對者奮鬥之決心，此為國民向來之弱點，宜有以提撕矯正之。

　　第一種堅決為罷市之主張者，在商民中居最少數。而其原因則比較複雜，茲分析如左：

　　（一）陳廉伯、陳受恭暨其黨羽，對於政府欲乘隙破壞，對於商民欲藉端漁利。一旦發覺，舍造謠生事，別無他法以自掩其罪惡。

（二）商圈中其他份子，雖未與陳廉伯、陳受恭之陰謀，然中於客氣，為顧商團體面，遂不恤反抗政府。

（三）商圈中其他分子，於此次扣留軍械之理由及其內容皆未遑過問，但知主張軍械為商團所自購，政府予以扣留，則不恤反對政府。

（四）商民對於邇年戰事擔負加重，其希望和平，不恤苟且姑息，較之往時，尤為急切。因之對於積極革命之政府，意嚮每致相左。

（五）最近二、三年來，在軍事區域以內，軍紀不修，或因土匪滋擾，商民感其痛苦，故亟求自衛。今聞政府扣留軍械，以為政府不衛民，又不許人民自衛，故其憤怨遂不可遏。

以上五者，以第一項人為中堅，而其他四項適以供其利用。第一項人之用心行事，完全為帝國主義及北洋軍閥之附屬物，與本黨之救國主義極端不相容。欲使中國脫離次殖民地之地位，而造成獨立的國家，則此等人在所必除。此非理論所能感動，亦非彌縫苟且之術所能相安於無事，此當訴諸國民之決心，而在黨員尤為義無反顧者也。第二、三兩項人，其理由至為薄弱，可以姑置。至第四、五兩種人，則是代表一部份畸形之商民心理。蓋其平日只求有利於商業，國事在所不問，而國事之影響於商業亦在所不問。故既缺為國犧牲之精神，亦苟且姑息之大害。試迴溯民國二年之際，龍濟光率兵入粵，此等人則相與鳴炮歡迎。陳景華遇害，此等人則又鳴炮以示得意。然曾幾何時，而龍濟光之為暴於粵，又大惹商民之怨嗟。凡此種種，有如循環，迷而不復，可

為慨歎！

　　本黨總理孫先生之救國精神與救國主義，三十餘年來，漸為吾人所認識。今者廣州政治上軍事上不良之現狀，決非主義本身所招致，乃不能實行主義有以使然。孫先生一方面盡力於破敵，以掃除主義之障礙，一方面大聲疾呼，喚醒國民，俾共同努力於主義之進行。良以廣州今日尚未能實行主義時代，僅僅為實行主義之準備時代，以準備條件之未具備，而訾議主義之不能實行固謬。訾議及主義本身則尤謬。商民既對於廣州現狀而感痛苦，當知此痛苦為孫先生與廣州人民所同受，且欲努力為廣州人民解除。廣州人民誠能解除此痛苦，則舍協助孫先生實無他策。不此之務，而徒對於政府表示失望，遂於不知不覺之際，致為反對政府者所利用，此誠可痛惜者也。黨員於此應努力說明，使一般國民咸喻此旨，庶幾此等商民亦可祛其成見，以明本黨主義之真相。

　　於此猶有言者，近來發見「政治定國軍」一種宣言，不署負責者之名氏，等於匿名揭帖，本無足論。有謂為商團軍一部份人所為者，小姑不必究。但就其宣言而尋繹之，不能不歎國人政治識力之幼稚。對於今日政治之現象而求救濟，當有系統的研究，確立主義，整列政綱，然後可以有為。斷非枝枝節節舉行一二有利於某種階級之事件即可以奏功。國人挾此見解與政治相周旋，無怪政治之無起色。本黨於此愈感宣傳之必要。

　　最後猶有言者，此次廣州罷市之運動，以一部分商民為限，其他商民或堅決反對，或意思不明，已如上

述。此猶專就商民階級言之，至於工人階級、農民階級、其他反對罷市之態度，則更為鮮明。一部分之商民對此或存疑忌，或更因以發生誤會。須知本黨為代表各階級之利益而奮鬥，對於工人、農人兩階級，素與其他階級平等同視。徵之世界無論何國，莫不以保護工農利益為當務之急。此為人道計，為社會經濟計，皆所必然，何所用其疑忌。至於實行共產云云，則本黨主義所在，無從誤會。若有挑撥以資利用，亦適見其心勞日拙而已。黨員於此，尤宜與各階級共同努力於國民革命之必要，詔示國民。

以上所述，蓋欲指陳凡一事件之發生，必分析其原因，乃能明其真相，而施以指導矯正。願國民於此留意，凡我黨員，更宜本此意旨，努力宣傳，勿忽！

中國國民黨中央執行委員會

二、陸軍軍官學校特別區黨部呈請補助經費五百元，以償宿債，而興新工案。

決議：交財務委員審定核發。

三、廣州市第一區第二區分部，函請在廣大校內舉辦第二期講習所案。

決議：在廣東大學內設立一講演會，公開演講，即由廣東大學辦理。

四、農民部李部長章達函：請辭去部長職務案。

決議：照准。

五、代理實業部長甘乃光提出：實業部改組意見案。

六、代理實業部長甘乃光提出：關於實業部進行計畫意
　　見書。

以上兩案決議如下：實業部決議改為商民部，並推伍朝
樞為商民部部長。所有該部組織及進行計畫，應由伍部
長接任後，詳細擬定，提出公決。

七、海外部提出：德國支部執行委員會常務委員夏秀峯
　　函詢：蔡元培是否仍有擔任本黨職務之資格案。

決議：蔡元培尚未就中央監察委員職，如言論有不合之
　　　處，應由所屬黨部糾正之。

八、廣州市第十區黨部函：請撫卹故黨員鄧忠漢案。

決議：鄧同志之死，事屬奇冤，應代為昭雪及撫卹，並
　　　由執行死刑之滇軍第二師部加以撫卹。

九、墨西哥總支部電告：槍斃黨員黃相培、劉泗合、韋
　　延俊，及傷關元全等，乞救援案。

決議：函知外交部電告墨西哥政府，加意保護，並斥責
　　　敵黨（致公堂）之無法。

十、各區黨部全權代表會呈：請轉請准予組織黨團軍案。

決議：函知該會，本黨已在黃埔組織黨軍，同志中有願
　　　服務黨軍者，可自到該處聽候考驗入營。

十一、軍官學校特別區黨部，因欠餉關係，請免繳黨
　　　費案。
決議：照准。

十二、內政部長徐紹楨函：據易光國等呈，請將民治宣
　　　傳部民生演講所移在廣州宣傳案。
十三、湖南民治宣傳部易光國等函請組織北伐隨軍宣傳
　　　團案。
十四、湖南易光國等最近陳述組織北伐隨軍宣傳團意
　　　見案。
決議：以上三案交宣傳部，根據以下兩點答覆：
　　　1. 在北伐軍範圍以外執行宣傳職務時，應受中央
　　　　 宣傳部指揮。
　　　2. 在北伐軍範圍以內執行宣傳職務時，應受大本
　　　　 營政治訓練部指揮。

十五、廣寧縣農民協會提案如下：
　　　（1）請發農民自衛軍槍枝案。
　　　（2）請派農民運動講習所學生回縣服務案。
　　　（3）請發協會經費六百元以資進行案。
　　　（4）請地方長官及駐防軍隊保護農民案。
決議：關於第（1）案，事實上辦不到；關於第（2）、
　　　第（4）兩案，核准；關於第（3）案，交財務委
　　　員核辦。

十六、香山縣黨員黃彌謙等呈：請派員調處同志爭執，
　　　並函香山檢察分庭撤消訟案案。

決議：交組織部查辦。

十七、海外部提出：東京支部代表陳季博，擬請派員
　　　赴日本籌設東京總支部，以發展黨務，應否派
　　　往，請付表決案。

決議：交海外部擬定辦法，先提出籌備員數人，組織東
　　　京總支部籌備委員會，至派員前往一事，既有
　　　籌備委員會，自無庸另行派員。

十八、暹羅博文浪埠林茂南等陳述：依新章議決設立支
　　　部，請核奪案。

決議：照章有三分部以上可組織支部，惟支部仍隸屬於
　　　總支部，不能直接於中央黨部。現博文浪埠只
　　　有一分部，請改為支部，在組織法上不合；請
　　　由分部改為支部後，直隸於中央黨部，在系統
　　　上不合。交回海外部，以此決議函知之。

十九、海外部提出：加拿大醒華報編輯程天放辭職，請
　　　派員接替案。

決議：由海外部函知醒華報，挽留程天放擔任編輯事
　　　務。如因有別種任務，確不能挽留，可就加拿
　　　大就近延聘明瞭本黨主義之同志繼任，並函請
　　　所在地之最高級黨部，加以委任。

二十、汪委員精衛、廖委員仲愷，擬請黃居素代理農民
　　　部部長案。

廿一、黨員楊殷、梁九、區植之、蘇南等函控代理農民
　　　部部長黃居素，尚未入黨，請加斥逐，以肅綱
　　　紀案。

決議：黃君已往之事，不必深究；惟函知即補行登記，
　　　領取黨證，仍以代理資格，執行職務。

譚平山對於此決議案之聲明如下：

　　　黃君已往之事，平山亦不欲故為爭辯，惟受害之梁
九、區植之、蘇南，三同志在港因公被捕入獄時，黃君
曾到堂指證，致被身受毒打監禁數月，現正期滿遞解出
境，終身不能到港。此事經過未久，黃君遽任黨中，重
要職務，無以折服被害之同志，且黃君未經登記，未有
領取黨證，即尚未恢復黨員資格，而即委以黨中重要職
務，於理不合，且黃君對於農民運動沒有相當經驗與學
識而任為農民部長，尤為不解，故對於黃君代理農民部
部長一案仍持反對意見，特此聲明。

廿二、農民部請增設助理一員，幫辦部務案。
決議：照准。

廿三、軍官學校張隱韜提議：軍事運動的分工案。
決議：送交政治委員會提出。

廿四、清遠縣黨部籌備處請函省署飭縣將花捐附加黨費
　　　全數交還案。

決議：黨部不能直接收捐，應該取銷，仍依據前案，只
　　　可向該地行政機關勸捐。

廿五、墨西哥支部呈報：懇親大會日期，請賜訓詞案。

決議：交海外部辦理。

廿六、南洋煙草職工同志會唐遠參等函訴慘被該公司虐
　　　待，請援救案。

決議：如下

　　　1. 交工人部設法援助。

　　　2. 訓令上海民國日報，以後關於南洋煙草工人罷
　　　　　工新聞，應盡量登載，並須加以援助。

廿七、廖委員仲愷復任常務委員案。

決議：通過。同時鄒委員魯、邵委員元冲，解除代理常
　　　務委員任務。

廿八、廖委員仲愷函稱：已辭常務，而本會財務尚未指
　　　定專司，請委賢能負責案。

決議：依前二十七案廖委員仲愷復任常務委員，此案不
　　　付討論。

廿九、農民部列舉東莞一區農民協會，進行困難問題，
　　　請決定辦法案。

決議：如下

　　1. 農民如有痛苦，可由農民協會隨時報告本會，
　　　依法援助。

　　2. 訓令農民部，以後對於農民宣傳，應明白告訴
　　　農民，如真欲解除本身痛苦，非加入國民革命
　　　戰線不可。

三十、東京支部郭委員漢鳴提出：本黨各級黨部印發傳
　　　單，應由中央製定案。

決議：如下

　　1. 中央已發出之傳單，各級黨部除分散外，並可
　　　引申其意義。

　　2. 或由中央黨部指導傳單之綱要。

卅一、訓令海外部案。

決議：以後關於海外黨務事項，應由海外部擬定辦
　　　法，然後提出。

卅二、邵委員元冲代理海外部部長案。

決議：照准。

卅三、農民部請通函各軍總司令，禁止拉農民充伕
　　　役，及特派員黃學曾報告農民運動困難情形，
　　　請設法解決案。

決議：交常務委員審定。

卅四、規定各部聯席會議案。

決議：中央星期四常會，改為中央黨部會議。中央執
　　　行委員與監察委員，及中央黨部各部長同時
　　　出席。

第五十七次會議

十三年十月二十三日

中央執行委員、監察委員、各部部長聯席會議

到會者：胡漢民　鄒　魯　鄧澤如　甘乃光　何香凝
　　　　邵元冲　黃居素　劉震寰　廖仲愷　汪精衛

報告事項

一、宣讀第五十六次會議紀錄。

宣讀後，決議將第二十一案附錄刪除，餘通過。

二、農民部特派員韋啟瑞二十日來函，報告虎門安靖情
　　形案。

討論事項

一、總理發下上海市一、二、五、六、九區黨部電請懲
　　辦禍首喻育之等，悼卹傷斃同志案。

二、上海大學學生會刪電報告：橫被帝國主義及軍閥走
　　狗殘害學生同志案。

決議：除催上海執行部詳細報告外，並函吳稚暉、戴季
　　　陶查明事實，詳細報告，再定辦法。

三、廣州市各區黨部代表會呈報：議決戡定商團叛亂後
　　善後辦法案。

決議：不准。

四、上海執行部葉楚傖委員陳述辦理黨務困難情形，請
　　辭職，予以處分案。

五、上海民國日報編輯委員會葉委員長楚傖陳請辭去編
　　輯委員長職，委人接理報務案。

決議：俟葉委員楚傖到廣州時再議。

六、理髮工人泣訴廣州商團舉動野蠻情形案。

決議：函省長飭公安局嚴緝行兇之商團，並函理髮工會
　　　撫卹。

臨時動議

七、青年部長鄒魯提議：對於先烈後裔入學，求免學膳
　　費，應如何辦理案。

決議：國立、省立、市立各學校，應准作正開銷，分
　　　函國立廣東大學、廣東省教育廳長、廣州教育
　　　局長。

八、汪委員精衛提議：此次各軍搜檢人家，有撕毀黨證
　　等事，應如何辦理案。

決議：致函各軍長官，通飭軍隊，對於黨證不得任意撕
　　　毀，並應尊重黨證。

九、鄒委員魯提議：嚮導週報第八十五期議論本黨，涉
　　於攻擊誣衊，應如何對付案。

決議：致函嚮導週報，加以警告。

第五十八次會議

十三年十一月六日

中央執行委員、監察委員、各部部長聯席會議

到會者：胡漢民　林祖涵　汪精衛　黃居素　邵元冲
　　　　廖仲愷　鄧澤如　甘乃光　楊友棠

報告事項

一、宣讀第五十七次會議紀錄。

二、總理發回浙江沈委員定一報告：該省軍事變動情形
　　及黨務收束計劃案。

三、政治委員會伍委員朝樞函報：工會法草案經會議通
　　過案。

四、農民部特派員鍾覺報告：赴香山宣傳工作案。

五、甘乃光、何香凝等報告：籌辦廣州市女子製作品販
　　賣合作社經過情形案。

討論事項

一、總理交議：丘漢宗呈請委派專員辦理江西黨務案。

決議：應從緩議。

二、邵委員元冲函辭常務委員，以清手續案。

決議：照准。

三、農民部特派員韋啟瑞報告：調查東莞太平商團之不

法，壁頭敵我兩軍之近況，蓮溪鄉團旗幟之怪異案。

決議：函請省長查辦該商團之不法，及該鄉團旗幟之
　　　怪異。

四、秘書處報告：致上海嚮導週報警告書案。

決議：登報並再致書警告。

五、上海執行部沈定一等來電：促葉、于、戴，積極到
　　　部視事，或另派員去滬負責，俾免中絕案。

決議：葉委員辭職，致函慰留，並催葉、于、戴三委員
　　　積極到部視事。

六、北京執行部漾電稱：吳敗曹倒，請汪委員赴京參與
　　　大政，並恢復民意報，乞寄稿件案。

決議：已定辦法，稿件准予照寄。

七、鄒委員魯轉來北京丁委員惟汾密碼函：催匯京部各
　　　月經費，及報告京中現狀案。

決議：交財務委員辦理。

八、中央監察委員謝持因病函請辭職，請提付會議案。

決議：復函慰留。

九、總理諭令：將商團總分所房屋充公，撥作黨所或書
　　　報社，妥籌辦法施行案。

決議：交常務委員辦理。

十、總理諭令：選派宣傳員、組織員，常駐韶關宣傳主
　　義，組織黨部，使北江人民全歸黨化案。

決議：交宣傳部、組織部辦理。

十一、總理交下內政部科長劉景新呈：請令飭內政部咨
　　　行財政部，請發欠薪，以便前往歸綏，組織黨
　　　軍呈一件，著酌量辦理，並代答案。

決議：所請礙難照准。

十二、廣西柳桂平黨務籌備員鄧家政等函陳黨務進行程
　　　序，請示方略案。

決議：各事均可照辦。惟款一層政治委員會已有決議，
　　　不能補助。

十三、廣州市第七區二分部執行委員會呈請懲戒省立工
　　　業校長蕭冠英反對本黨政策案。

決議：先由本會致函告誡，並令其答復。

十四、代理農民部長黃居素函：請懲戒譚平山委員對於
　　　五十六次會議第二十及二十一兩案之附錄案。

決議：交中央監察委員會辦理。

十五、蒙古克興額請議決撥款辦理蒙文半月刊案。

決議：復函有款即匯，目前應暫停止進行。

十六、美洲少年中國晨報總編輯黃二明函請辭職，並薦
　　　劉滌寰自代案。

決議：函美洲總支部，如黃君病愈，即取消辭職，如所
　　　薦劉君稱職，可呈請委任，否則物色相當人才
　　　呈請委任。

十七、農民部提出：請總理令行省長轉飭沙田清理處及
　　　各縣長，護沙自衛局改設農民協會一事，仍劃
　　　歸本部辦理案。

決議：交農民部另擬辦法提出。

十八、農民部轉來廣寧農會報告該縣情形，請加以援
　　　助案。

決議：轉省長辦理。

十九、總理發下皮言智等電請准予免費入上海大學肄
　　　業案。

決議：轉上海執行部及上海大學斟酌辦理。

二十、農民部特派員周努力報告：順德商團仍未解散，
　　　且有大砲槍械多種，及大良商店仍未開市案。

決議：轉省長、粵軍總司令辦理。

廿一、西路軍官學校校長伍毓瑞函：請派員組織黨團案。

決議：交常務委員辦理。

廿二、廣州市十區一區分部容漢輝呈：請追卹故黨員鄧
　　　忠漢及追回黨證，保障各黨員，實行組織黨團
　　　軍案。
決議：各事已辦，惟組織黨團軍不能照准。

廿三、汪委員精衛隨總理入京，辭常務委員職，請派員
　　　接替，其宣傳部長日常職務，暫由陳秘書揚煊
　　　代理，比較重要事件，由陳秘書商承廖委員仲
　　　愷處理案。
決議：請鄒魯擔任常務委員，餘照准。

廿四、譚委員平山辭常務委員，請遴員接充；並組織部
　　　長一職，請楊秘書匏安代理案。
決議：照准。

廿五、農民部長黃居素請將該部彭湃、阮嘯仙、林甦等
　　　免職，以陳孚木為秘書案。
決議：交常務委員辦理。

廿六、軍官學校特別區黨部呈稱：週刊既與民國日報合
　　　併，贈閱報紙如何手續，請設法補救案。
決議：須自備價購閱民國日報。

廿七、青年軍人代表會呈：請補助津貼委派幹事，以利
　　　進行案。
決議：補助津貼交財務委員辦理，委派孫甄陶為幹事。

廿八、中央監察委員會函：請恢復黃觀玲黨籍案。
決議：照准。

廿九、海外部提出：斐律濱暴民排華，毆殺僑胞，請交
　　　涉保護案。
決議：已函外交部。並由本會致函斐律濱國民黨支部。

三十、總理交下沈委員定一報告滬部情形，請公決指
　　　示案。
決議：已慰留。

卅一、警衛軍講武堂被傷學生宋蜀江等，請發醫藥
　　　費案。
決議：交財務委員辦理。

卅二、江蘇省黨部請設法電匯經費以濟急需案。
決議：已由政治委員會決議黨費自給。

卅三、海外部提出：域多利交通部私造黨證，請依章
　　　處理案。
決議：交中央監察委員會。

卅四、湖南省黨部經費異常困難，請設法維持案。
　　　（二宗）
決議：交常務委員斟酌辦理。

卅五、廣東農兵工學革命大同盟，請撥雙十節殉難烈士
追悼費案。

廣東農兵工學革命大同盟列舉決議，請照施
行案。

以上兩案合併討論。

決議：由常務委員擬具辦法再行提出。

卅六、韓覺民請將新建設社經費速匯案。

決議：覆函以後直匯。並斟酌財務情形接濟。

卅七、丁委員惟汾報告：宣布中央命令及京中情形案。
（在北京）

決議：存案。

卅八、海外部提出：日本總支部籌備會籌備員案。

決議：照准。

卅九、農民運動講習所學生梁歧玉等請將東海十六沙
實行真農自衛案。

農民代表孔昭莨等請將東海沙田實行農民自
衛案。

以上兩案合併討論。

決議：交農民部擬具辦法，提交會議。

四十、秘書處會計科報告：工人代表會印刷用款過多，
　　　請決施行案。

決議：工人代表會費用，不能由本會代付。

四一、貴州支部長安健提議：決定改黔黨部歸廣州或上
　　　海執行部指揮案。

決議：歸上海執行部指揮。

臨時動議

四二、林委員祖涵報告：陸軍講武學校情形案。

決議：委蔣中正為該校校長，廖仲愷為該校黨代表。

四三、林委員祖涵報告：建國攻鄂軍應如何設立黨務
　　　處案。

決議：委林祖涵為該軍黨代表。

第五十九次會議

十三年十一月二十七日

中央執行委員、監察委員、各部部長聯席會議

到會者：鄧澤如　林　森　何香凝　陳揚煊　廖仲愷
　　　　楊匏安

報告事項

一、宣讀第五十八次會議紀錄。

二、上海執行部報告：上海雙十節國民大會流血實際情
　　形，及事後處置辦法案。

三、海外部提出：安南組織員劉侯武報告：組織黨務情
　　形及結束善後各節，請察核案。

討論事項

一、總理交下：瞿秋白委員陳述上海民國日報言論詫異
　　函呈一件，批：著本會妥議辦法，應行改組案。

決議：下次再討論辦法。

二、香山縣黨部呈：請轉函粵軍總司令，飭香順籌餉
　　局，將以前撥交石岐商團經費，撥交黨部案。

決議：轉許總司令辦理。

三、總理交下：工人代表會委員長廖仲愷陳述南洋公司
　　職工代表到粵呼籲函呈一件，討論應付辦法。
決議：由本會切實勸捐救濟。

四、秘書長提出：請追認通告案。
決議：追認。

五、農民運動講習所梁歧玉等呈稱：楊吉假黨行兇，請
　　從嚴懲辦案。
決議：交中央監察委員會。

六、工業校長蕭冠英函辯七區二分部所控情節案。
決議：併案交中央監察委員會審查。

七、海外部提出：東京支部代表陳季博請速撥經費，以
　　資利用，及請查復前准照募捐創立黨所案。
決議：經費難撥，至募捐一層，應先製定建築及維持
　　　預算。

八、海外部提出：安南七支部代表陳朕生等請准設立執
　　行部，派劉侯武在越執行黨務，以資熟手案。
決議：由海外部與劉侯武商妥名稱，報告決定。

九、江西黨員丘漢宗請委派辦理贛省黨務籌備員案。
決議：復，已有人辦。

十、組織部提出：市或縣執行委員會章程草案。

決議：通過。

市或縣執行委員會章程

第一條　市縣執行委員會依總章第二章第七條又第七
　　　　章第五十一條，及中央執行委員會第五十四
　　　　次會議決議之規定，由市縣黨員大會或代表
　　　　大會選舉執行委員五人至七人組織之。

第二條　市縣執行委員會直接在省執行委員會指揮
　　　　（省黨部未成立以前受執行部或中央黨部
　　　　指揮）之下而活動，其職權如左：

　　　　（甲）設立全市縣各地方黨部而指揮其活動。

　　　　（乙）任命該市縣黨部機關報職員，但須經
　　　　　　　省執行委員會之核准。

　　　　（丙）組織全市縣性質之事務各部。

　　　　（丁）支配市縣內黨費及財政。

第三條　市縣執行委員會之組織如左：

　　　　（甲）秘書處　常務委員一人至三人。

　　　　（乙）組織部　組織委員一人。

　　　　（丙）宣傳部　宣傳委員一人。

　　　　（丁）工人部　工人運動委員一人。

　　　　（戊）商人部　商人運動委員一人。

　　　　（己）農民部　農民運動委員一人
　　　　　　　　　　（市執行委員會如無必要可
　　　　　　　　　　不設農民部）。

　　　　（庚）青年部　青年運動委員一人。

（辛）婦女部　婦女運動委員一人。

附記：候補執行委員得擔任各部工作，如人
數不足則工人部、農民部可由一人任
之，青年部、婦女部由一人任之。

第四條　秘書處分掌秘書會務、財政及庶務等事項。

（甲）關於秘書處事項，凡文牘傳達命
令、保管冊籍文件、製統計表等事
均屬之。

（乙）關於會務事項，凡開會、詢問、交際
等事項均屬之。

（丙）關於財政及庶務事項，凡編造預決
算、徵收款項、出納、會計、建設、
購置及一切雜務均屬之。

第五條　組織部應辦之事項如左：

（甲）關於市縣內各級黨部組織及其指導。

（乙）關於黨員之記載統計及調查。

（丙）關於物色有益之人才並注意左列各種
人員：

1. 組織員

2. 宣傳員

3. 演講員

4. 編輯員

5. 負責官吏

6. 各級黨部常務委員

7. 其他專門人才

（丁）關於考察各級黨部組織上之工作及答

辯，關於本黨章程上之疑問。

（戊）關於審查及修正各級黨部之預決算表，並報告情形於市縣執行委員會。

（己）執行本委員會關於組織事宜之議決案。

第六條　宣傳部應辦事項如左：

（甲）供給宣傳資料於本黨機關各報。

（乙）印行本黨一切宣傳文件。

（丙）設立黨校及編定教材。

（丁）指揮各宣傳員使其言論一致。

（戊）印發領袖人物相片。

（己）審定黨報及與黨有關之印刷品，並負糾正之責。

第七條　工人部應辦事項如左：

（甲）考察及搜集工人狀況與工會組織之報告。

（乙）關於勞工立法案之鼓吹。

（丙）關於工人利益之援助及工人教育之提倡。

（丁）關於各工人團體之通訊及聯絡扶助。

（戊）關於召集各工會代表會議等事項。

第八條　商人部應辦事項如左：

（甲）關於生產品之種類每數量之調查。

（乙）關於侵入外國資料之種類與數量之調查。

（丙）關於各商店公司銀行製造廠之內情之調查。

（丁）關於商人團體之聯絡。

（戊）關於本黨與商場利害相關之研究與活動之方法。

（己）關於實業之規定。

（庚）關於商團方面之活動。

第九條　農民部應辦事項如左：

（甲）農民生活狀況之調查。

（乙）農民種類與人數之調查。

（丙）農民團體組織之調查。

（丁）農民團體組織上之扶助。

（戊）農民村教育之提倡。

（己）農民生活條件之改進。

（庚）農民利益之擁護。

（辛）農民方面之宣傳。

第十條　青年部應辦事如左：

（甲）關於各學校學生入黨事項。

（乙）關於學生團體組織之促進及聯絡提攜。

（丙）關於調查各學校對於本黨之傾向並對之宣傳。

（丁）關於青年農工團體組織之引導。

（戊）關於文化救國等運動之指導。

第十一條　婦女部應辦事務如左：

（甲）關於各地婦女運動狀況之調查及聯絡。

（乙）關於婦女團體之組織及婦女教育之提倡。

（丙）關於婦女職業之提倡與發展。

（丁）關於婦女之宣傳及援助。

（戊）關於女工之調查及聯絡。

（己）關於婦女解放運動之援助。

第十二條　秘書處設幹事若干人，受常務委員之指揮，助理秘書處事務各部設委員一人，幹事若干人辦理本部應辦各事項。

第十三條　執行委員會凡關於政治、外交、軍事、社會、經濟、教育等重要事項，由秘書處調查通告各部討論。

第十四條　執行委員會每星期開會一次，遇有特別事項時得開特別會議。

第十五條　執行委員會開會時，候補委員得列席會議，但只有發言權

第十六條　執行委員遇故離任或不出席時，由候補執行委員依次補充

第十七條　執行委員會須每月一次將其活動經過情形，報告省執行委員會或執行部及中央執行委員會。

第十八條　各部細則及會議章程另定之。

第十九條　本章程經中國國民黨中央執行委員會核准施行。

核准施行

十一、農民部擬請委羅綺園為秘書，彭湃、阮嘯仙為組織員案。

決議：承認。

十二、海外部提出：駐法總支部王景岐提案五項：

  （一）請電匯國民週刊出版費三百元，以符本
    會從前決議。

  （二）請再酌量增加津貼，並所出週刊不收
    報費。

  （三）頒發黨證一千份。

  （四）寄民生主義、民權主義各五百份。

  （五）請按期將國民黨週刊五百份寄法。

決議：（一）、（二）兩項，由海外部復，以經費支紬，
   不能依前此決議辦理。（三）、（四）兩項，由
   海外部會同組織部宣傳部辦理。（五）週刊已歸
   併廣州民國日報，嗣後應交報費，方能照寄。

十三、黨員關素人以加拿大總幹事雷鳴夏迭請辭職，自
   願代理，應否委任案。

決議：交海外部先行審定。

十四、農民部提出：第三屆農民運動講習所章程案。

決議：通過。

第六十次會議

十三年十二月十一日

中央執行委員、監察委員、各部部長聯席會議

到會者：鄧澤如　陳揚煊　何香凝　廖仲愷　楊匏安

主席：廖仲愷

報告事項
一、宣讀第五十九次會議紀錄。
二、秘書處報告：關於新會工會聯合會、新學生社來
　　電，及電復新會縣長釋放鄧標、鄧鶴琴案。

討論事項
一、秘書處提出：擬請政府指撥西瓜園商團總所，為本
　　會辦事地點案。
決議：函省署照辦。

二、陸軍軍官學校蔣校長中正、廖代表仲愷，呈請核定
　　革命軍刑事條例、懲罰條例，公布施行案。
決議：推定伍朝樞、陳融、廖仲愷三人審查。

三、廣州市第七區第三區分部函控一中教務主任梁祖
　　誥，陰賊險狠，鼓吹反革命，請促鄒校長卓然，即
　　予撤換案。

決議：交青年部照辦，並查明梁祖誥曾否入黨。

四、東京支部代表陳季博，擬具籌建東京支部日本總支
　　部黨所募捐意見書，請准予照辦案。

決議：現在各地募捐甚難，一俟籌有成算，再行核辦。

五、宣傳部提出：梁紹文將赴蘇門答臘主持民報，請委
　　為特派員，以便其向各方接洽案。

決議：由宣傳部派梁紹文為特派宣傳員。

六、商民部提出：廣州市商民協會章程草案。

決議：暫照原案保留，其中有未完備之處（如第七
　　　條），由該部自行修正，提交商民協會會議通
　　　過，再行提出報告。

七、覆議總理交下瞿秋白委員陳述上海民國日報言論詫
　　異函呈一件，批：著本會妥議辦法，應行改組案。

決議：暫擱。

八、廣西省黨部籌備員蘇無涯、蒙卓凡等報告：廣西黨
　　務經費無著，應停止，或另委人，請決定案。

決議：應即停止，另候委人。

九、青年部長鄒魯提出：該部秘書譚克敏辭職，請派孫
　　甄陶為秘書，派林柏生為幹事案。

決議：照准。

第六十一次會議

十三年十二月十八日

中央執行委員、監察委、各部部長聯席會議

到會者：鄒　魯　廖仲愷　何香凝　陳揚煊　楊匏安
主席：廖仲愷
書記：楊匏安

報告事項

一、宣讀第六十次會議紀錄。

二、甘乃光同志報告：建國桂軍軍官學校特別區黨部及
　　政治部成立經過情形。

三、宣傳部、組織部會同報告：召集各區黨部、各區分
　　部常務委員聯席會議，討論促進國民會議進行方法
　　結果案。

討論事項

一、陸軍軍官學校校長蔣中正、駐校黨代表廖仲愷報
　　告：招考入伍生章程，請鑒核發表案。

決議：通過。

二、海外部提出：派劉侯武為安南籌備專員，俟安南總
　　支部成立後，再開會選舉執行委員，及該專員俸給
　　由安南同志公決籌付案。

決議：通過。

三、青年部提出：加派吳榮楫為幹事案。

決議：通過。

四、廣西省黨部籌備員蘇無涯等報告：該省黨部經費無
　　著，請停辦案。

決議：由常務委員辦理。

民國史料 45

中國國民黨第一屆中央執行委員會
會議紀錄（二）

The Minutes of First Central Executive Council
- Section II

編　　者	民國歷史文化學社編輯部
總 編 輯	陳新林、呂芳上
執行編輯	林育薇
文字編輯	王永輝、江張源、李承恩
排　　版	溫心忻、盤惠秦

出　　版　　**開源書局出版有限公司**

香港金鐘夏愨道 18 號海富中心
1 座 26 樓 06 室
TEL：+852-35860995

民國歷史文化學社 有限公司

10646 台北市大安區羅斯福路三段
37 號 7 樓之 1
TEL：+886-2-2369-6912
FAX：+886-2-2369-6990

http://www.rchcs.com.tw

初版一刷	2021 年 1 月 29 日
定　　價	新台幣 350 元
	港　幣　90 元
	美　元　13 元
I S B N	978-986-5578-03-9
印　　刷	長達印刷有限公司
	台北市西園路二段 50 巷 4 弄 21 號
	TEL：+886-2-2304-0488

版權所有・翻印必究
如有破損、缺頁或裝訂錯誤
請寄回民國歷史文化學社有限公司更換

國家圖書館出版品預行編目 (CIP) 資料

中國國民黨中央執行委員會會議紀錄 . 第一屆 =
The Minutes of First Central Executive Council/
民國歷史文化學社編輯部編 . -- 初版 . -- 臺北市：
民國歷史文化學社有限公司 , 2021.01

　冊；　公分 . -- (民國史料 ; 44-47)

ISBN 978-986-5578-02-2 (第 1 冊 : 平裝). --
ISBN 978-986-5578-03-9 (第 2 冊 : 平裝). --
ISBN 978-986-5578-04-6 (第 3 冊 : 平裝). --
ISBN 978-986-5578-05-3 (第 4 冊 : 平裝)

1. 中國國民黨中央執行委員會　2. 會議實錄

005.215　　　　　　　　　　110000226